금강경

꿈속에서 꿈을 깨다

금강경
꿈속에서 꿈을 깨다

초판 1쇄 인쇄일 2001년 4월 30일
초판 1쇄 발행일 2021년 5월 4일

강   설 무위 해공
펴낸이 양옥매
디자인 송다희 임흥순
교   정 조준경

펴낸곳 도서출판 책과나무
출판등록 제2012-000376
주소 서울특별시 마포구 방울내로 79 이노빌딩 302호
대표전화 02.372.1537   팩스 02.372.1538
이메일 booknamu2007@naver.com
홈페이지 www.booknamu.com
ISBN 979-11-5776-289-7 (03220)

금 강 경

무위 해공 강설

金剛經

책과나무

금강경은
우리에게 무엇을 이야기하는가?

　금강경(金剛經)은 대승불교의 대표 경전으로 오늘날에도 반야심경 (般若心經)과 더불어 가장 많이 암송되고 필사되는 경전 가운데 하나이 다. 금강경과 관련해서는 불교 역사상 과거뿐만 아니라 현재에도 이 미 수많은 저서가 세상에 나와 있기 때문에, 이 책에서는 구체적인 자 구(字句) 해석이나 전문 용어의 해설, 그리고 역사적인 설명이나 철학 적인 분석에는 그다지 중점을 두지 않았다.

　석가모니의 깨달음의 핵심인 '무아(無我)＝연기(緣起)'의 가르침이 금 강경 안에서는 어떻게 표현되어 있는지 살펴보고, 모호하거나 오해를 불러일으킬 수 있는 부분은 무엇인지 짚어 보면서 금강경의 가르침을 부처님의 근본 가르침에 초점을 맞춰 설명함으로써 오늘날 구도의 길 을 걷고 있는 사람들에게 실질적인 도움이 될 수 있도록 주력하였다.

불교학계의 연구에 따르면, 금강경은 대략 석가모니 사후 약 칠백여 년이 지난 AD 150~200년 무렵에 쓰인 것으로 추정되며 초기불교 경전에 들어 있는 가르침들을 상당 부분 반영하고 대승불교 운동이라는 새로운 시대 상황에 맞게 그 내용을 첨가하여 재구성한 것으로 보인다. 군데군데 석가모니의 '무아=연기'의 가르침이 왜곡된 부분이 없지 않으나 지혜의 눈으로 걸러 낸다면 부처님 가르침의 정수를 제대로 이해할 수 있을 것이다.

사람들은 일평생 몸과 마음을 나라고 생각하고 삶을 살아간다. 그런데 그것이 진실이 아니라는 믿을 수 없는 사실을 깨달은 분이 석가모니 부처님이다. 그러므로 우리가 궁극적으로 밝히고 해결해야 하는 단 하나의 화두(話頭)는 '무아=연기'다. 구도 여정의 마지막 귀결이 이 몸과 마음이 내가 아니라는 '무아=연기'인데, 거기에 도달할 때까지 구도자의 앞길에는 무수한 함정들이 도사리고 있다.

에고(ego), 즉 몸과 마음이 나라는 생각에 너무나 오랫동안 동일시되어 길들여져 왔기 때문에 안팎의 경계를 대할 때마다 끊임없이 시비하고 불평하며 결코 만족이라는 것을 모르는 에고의 속삭임이 구도자들을 온전히 가만 놔두지 않기 때문이다. 이런 어렵고 힘든 난관을 극복하기 위해서는 먼저 정견(正見)을 제대로 갖춰야 한다. 깨달음에 대한 명확하고 올바른 방향성을 갖추지 못하고 진리공부를 하면 오히려 진실에서 더 멀어진다.

이번에 펴낸 졸저(拙著) 금강경 해설서가 도대체 무엇이 참진리인지 가슴 절절히 고뇌하며 그 답을 찾고 있는 구도자들에게 올바른 지침이 되어 깨달음에 성큼 다가설 수 있는 계기가 되었으면 하는 마음 간절하다. 또한 어떻게 사는 것이 의미 있는 인생인지 고민하고 있는 일반인들에게도 이 책이 조금이나마 도움이 되었으면 한다. 인생이라는 순례의 길을 걷고 있는 우리 모두는 사실 누구나 다 구도자이기 때문이다.

금강경의 인도 산스끄리프 경명(經名)은 『바즈라쩨디까 쁘라즈냐빠라미따 쑤뜨라(vajracchedikā prajñāpāramitā sūtra)』이다. 구마라집(鳩摩羅什, 344~413)은 음과 뜻을 섞어서 『금강반야바라밀경(金剛般若波羅蜜經)』으로 번역하였고, 보통은 줄여서 『금강경』이라 부른다.

금강(金剛)으로 의역된 바즈라(vajra)는 '벼락'이라는 뜻이다. 인도 신화에 등장하는 인드라 신이 소지하고 있는 무기가 바로 바즈라(vajra)다. 인도 구법으로 유명한 당나라 현장(玄奘, 602~664) 법사가 능단(能斷)으로 의역한 쩨디까(cchedikā)는 '부수다, 자르다'라는 뜻으로 구마라집은 금강(金剛)에 함축된 의미와의 중복을 피하기 위해서인지 번역을 생략하였다.

바즈라쩨디까(vajracchedikā), 즉 금강능단(金剛能斷)의 의미를 우리말로 직역하면 '모든 것을 부수는 벼락'이 된다. 금강경은 인간의 무지와 어리석음, 집착과 욕심을 벼락을 때려 부숴 버리는 '벼락경'인 것이다. 몸과 마음을 나라고 믿고, 이 현상세계를 실재라고 믿고 있는 의

식 상태에서 금강경을 읽으면 느닷없이 내리꽂히는 마른하늘의 날벼
락 같은 부처님의 사자후에 엄청난 충격을 받게 될 것이다.

반야(般若)는 쁘라즈냐(prajñā)를 음역한 것이다. 의식은 항상 두 가
지로 작용한다. 바로 분별지(分別智)와 통찰지(洞察智)다. 분별지는 내
입장에서만 보는 것이다. 내 입장에서 보게 되면 아무리 좋은 것이라
할지라도 그것은 전체가 아닌 반쪽일 수밖에 없다. 아무리 훌륭한 것
일지라도 나누고 쪼갠 분별지에서 나온 것이기에 온전하지 않은 반쪽
이다.

통찰지는 나의 관점이 아닌 근원에서 전체를 통째로 보는 관점이
다. 거기에는 나와 너라는 분리의식이 작동하지 않는다. 이렇게 전체
를 통째로 볼 수 있는 통찰지의 관점은 순수의식의 관점이다. 금강경
의 부처님 가르침을 제대로 받아들이려면 순수의식이어야 한다. 그렇
지 않으면 분별지인 지식적 이해에 그칠 뿐이다. '나'라는 틀에서 바라
보고, 판단하고, 결정하는 자아 중심적 관점은 결코 반야(般若)의 통
찰지(洞察智)의 관점이라고 할 수 없다.

바라밀(波羅蜜)은 빠라미따(pāramitā)를 음역한 것인데, 미망(迷妄)과
생사(生死)의 차안(此岸: 이 언덕)에서 벗어나 해탈(解脫)과 열반(涅槃)의
피안(波岸: 저 언덕)에 이른다는 뜻으로 완전한 깨달음을 가리킨다. 진
리 공부는 머리로 하는 것이 아니다. 몸과 마음을 오롯이 항복받아 가
르침과 삶이 하나가 되도록 가슴으로 체득해야 한다.

쑤뜨라(sūtra)는 부처님의 가르침을 모아 놓은 것인데 경(經)으로 번

역되었다. 『금강반야바라밀경』은 진실을 가리는 모든 분별된 미망을 순수의식의 통찰지(洞察智)로써 벼락 치듯이 때려 부수어 완전한 깨달음에 이르게 하는 가르침이다.

금강경의 핵심은 반야(般若)이고 순수며 또한 중도(中道)다. 초기경전인 『숫타니파타』를 보면 중도에 대한 정의가 명확히 나온다. "중도는 양 극단에 집착하지 않고 중간에도 머물지 않는다." 그런데 현대인들은 워낙 분별지(分別智)에 사로잡혀 있어서 중도의 본래 의미를 좌나 우가 아닌 가운데로 이해하는 오류를 곧잘 범한다. 완전한 깨달음이 드러나기 전까지는 누구나 각자의 의식만큼 왜곡을 해서 받아들이기 때문에 어쩔 수 없는 현상이다. 중도는 현상세계 모든 존재들의 바탕인 전체성을 말하는 것이다. 바탕인 전체성에서는 어떤 분리된 실체도 찾아볼 수 없다.

그래서 이 책에서는 진리를 '절대(絶對)'라는 용어로 표현할 것이다. 절대(絶對)는 대상이 끊어졌다는 뜻이다. 유와 무, 선과 악, 주와 객 등의 모든 이원적 분별구조가 사라진 전체성으로서의 본래성품을 절대(絶對)라는 말을 빌려서 표현하는 것이다. 그렇기는 하나 언어로써 나타낼 수 없는 진리를 절대(絶對)라는 말로써 표현하는 것이기 때문에 절대(絶對)라는 용어 또한 개념일 뿐이라는 것에 유의해 주기를 바란다.

금강경 한문 원문은 구마라집(鳩摩羅什, 344~413)이 번역한 것을 사용하였으며, 고려대장경 판본을 기준으로 하였다. 그리고 금강경은 본래 소제목이 붙어 있지 않은 경전인데, 편의상 우리에게 익숙한 양 (梁)나라 소명(昭明, 501~531) 태자의 32분(分) 단락 구분을 그대로 준용하였다. 다만 이 책에서는 해설 부문에서 분(分)이라는 표현 대신에 현대인에게 익숙한 장(章)이란 용어를 사용하였다.

금강경은 삶의 어떤 상황에서 우리에게 세세하게 무엇을 하라거나 하지 말라고 조언해 주는 작은 분별지(分別智)의 차원을 넘어선다. 이 세상과 삶을 바라보는 기존의 관점을 근본적으로 뒤집고, 나라고 알고 있던 자신의 정체성을 뿌리째 뽑아 버리는 그야말로 벼락같은 놀라운 가르침을 우리에게 느닷없이 던져 준다. 그렇기 때문에 금강경의 말씀을 제대로 이해하고 수용하기란 결코 쉬운 일이 아니다.

금강경을 종교에 대한 교양을 쌓고 불교에 대한 지식을 넓히기 위해 읽을 것인가, 아니면 금강경과의 인연을 통해서 세계의 참모습과 자신의 진정한 정체성을 확인하는 기회로 삼을 것인가는 각자에게 달려 있다. 금강경이라고 하는 경전은 하나이지만 받아들여지는 금강경은 읽는 사람들의 의식 수준만큼 다양하고 많을 것이다.

그러므로 금강경은 각자의 금강경이며, 그것을 바로 볼 수 있는 제대로 된 안목을 갖추는 것 또한 누구도 대신해 줄 수 없다. 부처님도 대신해 줄 수 없다. 아무쪼록 이 책과 인연된 모든 분들에게 석가모니의 '무아=연기'의 가르침이 정확하게 전달되어, 본래 무아이고 본래 절대인 진리 그 자체가 완전하게 드러나기를 간절히 바란다.

끝으로 이 책이 나오기까지 모든 순간마다 함께했던 제자들, 특별히 세세한 부분까지 세밀하게 살펴서 수정해 준 다르마에게 고마움을 전한다.

서귀포에서
무위 해공

차례

제1 법회인유분法會因由分

: 법회의 인연

如是我聞 一時 佛 在舍衛國 祇樹給孤獨園 與大比丘衆
여시아문 일시 불 재사위국 기수급고독원 여대비구중

千二百五十人俱 爾時 世尊 食時 著衣持鉢 入舍衛大城乞食
천이백오십인구 이시 세존 식시 착의지발 입사위대성걸식

於其城中 次第乞已 還至本處 飯食訖 收衣鉢 洗足已
어기성중 차제걸이 환지본처 반사흘 수의발 세족이

敷座而坐
부좌이좌

이와 같이 나는 들었다.

한때 부처님께서는 사위국에 있는 기원정사에서 1,250명의 제자들과 함께 계셨다.

그때 세존께서는 공양할 때가 되었으므로 가사를 입고 발우를 들고 사위성에 들어가셨다.

성안에 있는 집들을 차례로 다니며 탁발을 마치신 후, 다시 본래 계신 곳으로 돌아와 공양을 끝내신 다음, 가사와 발우를 거두고 발을 씻으신 뒤 자리를 펴고 앉으셨다.

【강설】 제1장은 부처님의 금강경 법회가 시작되기 직전의 상황을 서술하고 있다. 불교경전에서는 서두에 '여시아문(如是我聞)'이라 쓰고, 석가모니 부처님을 등장시켜 설법하는 형식을 빌림으로써 그 경전의 내용이 부처님의 깨달음에서 연유되었음을 표방한다. 금강경에서도 여시아문(如是我聞)이라고 시작을 하면서, 비록 금강경이 부처님 사후 칠백여 년이 지난 후에 쓰였음에도 이 가르침이 석가모니 부처님에게서 비롯되었다는 것을 방편으로 활용하고 있다.

　1,250명의 제자들은 출가승으로 하루에 한 끼 탁발을 한다. 부처님과 그 많은 제자들이 함께 탁발하기 위해서는 아마도 작은 마을로는 안 되니 사위대성(舍衛大城)으로 가신 것이다. 가르침을 펼치신 45년 가운데 25년을 이 사위국(舍衛國)에 머무셨다고 한다. 인도 옆에 위치한 미얀마에 가 보면 지금도 스님들이 탁발하는 광경을 볼 수 있다. 미얀마의 탁발은 오랜 세월 동안 이어져 내려온 전통인데, 가까이에서 직접 보면 그 모습이 얼마나 아름다운지 모른다. 그 자체가 하나의 수행이자 전통이다.

스님들이 한 바퀴 돌고 오면 스님들과 보시하는 군중 뒤로 그릇을 들고 서 있는 또 다른 무리가 있다. 스님들은 탁발해 온 음식을 그 가난한 사람들에게 일부 덜어 주고 나서 사찰로 돌아온다. 그렇게 돌아와서는 받아 온 것들을 한군데 모은 후에 서로 나누어 먹는다. 좋은 음식, 나쁜 음식 차별 없이 다 함께 공양을 한다. 그것은 하나의 경건한 의식(儀式)이다. 자기가 어떤 음식을 받아 왔건 따지지 않고 함께 공양함으로써 승가 공동체의 일원으로서 평등한 삶을 실천하는 것이다.

이 장은 앞으로 펼쳐질 금강경 법회에 앞서 부처님의 일상을 드러내고 있다. 매일 탁발을 나갔다가 돌아와서 공양을 마치고, 가사와 발우를 거두고 발을 씻으신 뒤, 자리에 앉으시는 부처님의 행동은 잔잔하면서도 깊은 통찰을 준다. 금강경의 저자는 이렇게 부처님과 제자들의 일상을 전면에 내놓으면서, 일상의 그 자리에서 매 순간 의식이 바로 서야 함을 넌지시 말하고 있다.

금강경은 불교라는 특정 종교의 교리체계나 인도 고대의 정신문화라는 제한된 영역에 한정되지 않는, 현상세계에 대한 보편적이고 궁극적인 가르침이다. 그러나 아무리 훌륭한 진리의 말씀도 이 세상에 펼쳐지는 것은 깨달은 스승 혼자만의 힘으로 되는 것이 아니다. 그 진리를 알아들을 수 있는 사람들과의 시절 인연이 있어야 비로소 그 가르침이 온 세상에 펼쳐질 수 있는 것이다.

부처님과 제자들이 서로 하나가 되어 가르침을 펼치고 나누는 금강경 회상(會上)에 시공을 초월해서 우리 모두 함께 자리해 앉아야 한다. 그래야만 금강경의 가르침이 가슴속에 온전히 자리 잡을 수 있다. 시작하는 처음 이 순간부터 호흡을 가다듬고 의식의 중심을 바로 세우도록 하자.

제2 선현기청분善現起請分

: 수보리가 가르침을 청함

時 長老須菩提 在大衆中 卽從座起 偏袒右肩右膝著地
시 장로수보리 재대중중 즉종좌기 편단우견우슬착지

合掌恭敬 而白佛言 希有 世尊 如來善護念諸菩薩
합장공경 이백불언 희유 세존 여래선호념제보살

善付囑諸菩薩 世尊 善男子善女人 發阿耨多羅三藐
선부촉제보살 세존 선남자선여인 발아뇩다라삼먁

三菩提心 應云何住 云何降伏其心 佛言 善哉善哉
삼보리심 응운하주 운하항복기심 불언 선재선재

須菩提 如汝所說 如來 善護念諸菩薩 善付囑諸菩薩
수보리 여여소설 여래 선호념제보살 선부촉제보살

汝今諦聽 當爲汝說 善男子善女人 發阿耨多羅三藐
여금제청 당위여설 선남자선여인 발아뇩다라삼먁

三菩提心 應如是住 如是降伏其心
삼보리심 응여시주 여시항복기심

唯然 世尊 願樂欲聞
유 연 세 존 원 요 욕 문

그때 장로 수보리가 대중 속에서 일어나 오른쪽 어깨를 드러내고 오른쪽 무릎을 땅에 꿇고 합장하여 공경을 표시하면서 부처님께 말씀드렸다.

"참으로 드물고 존귀하신 세존이시여!

여래께서는 모든 보살들을 잘 보살피시고, 잘 타일러 가르치십니다. 세존이시여! 궁극의 치우침 없는 완전한 깨달음인 아뇩다라삼먁삼보리를 향한 마음을 일으킨 순수하고 어진 선남자 선여인은 어떻게 행동해야 하며, 어떻게 그 마음을 항복받아야 합니까?"

부처님께서 말씀하셨다.

"참으로 훌륭하다, 수보리야!

그대가 말한 것처럼 여래는 모든 보살들을 잘 보살피고, 잘 타일러 가르친다. 아뇩다라삼먁삼보리를 향해 마음을 일으킨 선남자와 선여인이 어떻게 행동해야 하고, 어떻게 그 마음을 항복받아야 하는지 이제 설할 것이니, 그대는 이것을 깊이 새겨들어라."

"네, 세존이시여! 기꺼이 새겨서 듣겠습니다."

【강설】2장은 수보리가 모든 제자들을 대표해서 부처님께 예를 올리며 찬탄과 질문을 하는 장이다. 오른쪽 어깨의 옷을 걷어 올려 한쪽 어깨를 드러내고, 오른쪽 무릎을 땅에 꿇어 합장하면서 부처님께 질문을 하는 것은 그 당시 불가에서 스승께 공경을 드리는 예법이다. 이어지는 부처님에 대한 수보리의 찬탄에서 우리는 그것이 무엇을 의도하는지 잘 알아야 한다. 여기에는 시대적인 배경과 의미가 들어 있다.

참으로 드물고 존귀하신 세존이시여! 여래께서는 모든 보살들을 잘 보살피시고, 잘 타일러 가르치십니다.

금강경은 이제 막 대승의 기치를 들고 첫발을 내딛고자 하는 시점의 경전이다. 그렇기 때문에 금강경의 저자는, 새롭게 시작하는 대승불교운동은 기존의 왜곡된 불교를 바로잡으려는 참된 불교운동이며, 그것은 부처님께서도 지지하시는 바임을 본격적인 질문과 답변에 앞서 먼저 선포하는 것이다.

'보살'은 '보디 사트바'라는 인도 말을 소리 나는 대로 음역한 것으로 '깨달음을 추구하는 사람'이라는 뜻이다. 출가한 구도자들뿐만 아니라 재가의 일반 구도자들까지 아우르는 말이다. 대승불교 이전의 부파불교는 출가한 승려들을 중심으로 교단을 유지하며 많은 경전들을 연구하여 난해한 논서를 집필하거나 숲속에 들어가 홀로 고행하는 방식을 위주로 하였다. 대승불교는 이러한 부파불교에 의한 제한되고 난해한 방식이 아닌 일반 대중들에게 깨달음의 문호를 활짝 연 깨달음 운동이었다.

그런 대승불교의 대표적인 인물이 유마거사(維摩居士)다. 그는 출가한 스님이 아닌 재가의 생활인이다. 부인이 있고 자식도 있는 사람인데 깨달은 것이다. 사실 유마거사는 역사적으로 실존했던 인물이 아니다. 깨닫겠다고 세상을 등지고 출가하여 숲속에 들어가 고행하거나 난해한 경전이나 논서를 익히는 학자적인 구도자의 행태에 반대하여 대승불교가 만들어 낸 상징적인 인물이다.

대승불교운동도 처음에는 그 뜻이 굉장히 좋았다. 그런데 이것도 세월이 흐르면서 자꾸 왜곡되었다. 후대에 이르면 보살이라는 것에 권위를 부여하면서 이미 깨달았지만 중생들을 구제하기 위해 열반에 들지 않는 존재로 개념이 왜곡된다. 이른바 지장보살, 관세음보살, 보현보살, 문수보살 등등의 보살들은 모두 다 깨달은 존재들인데, 대승 정신에 입각해서 중생들을 구제하기 위하여 일부러 열반에 들지 않는 존재들로 변형된다.

중생구제라는 보살 정신이 지나치게 강조되다 보니 본질이 흐려진 것이다. 기존의 모습이 썩어서 더 이상 어찌할 수 없을 때 일어나는 것이 개혁이지만, 그 개혁이 성공해서 세월이 흐르면 또다시 변질되기 마련이다. 이것은 종교뿐 아니라 정치나 사회의 모든 조직과 제도에서도 모두 마찬가지다.

대승운동의 주역이었던 보살이 요즘 절에서는 여성 신도들을 부르는 말로도 쓰인다. 말하는 사람도 좋고 듣는 사람도 좋아서 "보살님!" 하고 부르지만 그 뜻을 제대로 알고 사용해야 한다. 초기불교 교단의 구성원에는 보살이라는 개념 자체가 없었다. 그냥 비구(남성 출가자), 비구니(여성 출가자), 우바새(남성 신도), 우바이(여성 신도) 이렇게 사부 대중(四部大衆)이었다. 그랬던 것이 부파불교를 지나오면서 깨달음을 출가 승려들만의 것으로 한정하게 되었다.

이러한 잘못된 흐름에 대해서 대승불교가 깨달음을 추구하는 모든 사람들을 총칭해서 보살이라고 부르기 시작했다. 출가해서 혼자 도 닦는 스님들만 깨달을 수 있는 것이 아니라 일상의 삶 속에서도 누구든지 아뇩다라삼먁삼보리, 즉 궁극의 치우침 없는 바른 깨달음을 추구한다면 얼마든지 깨달을 수 있다는 것이었다.

참으로 훌륭하다, 수보리야! 그대가 말한 것처럼 여래는 모든 보살들을 잘 보살피고 잘 타일러 가르친다.

진리를 따르는 사람들이라면 누구나 깨달을 수 있으며, 이러한 대승운동이야말로 부처님께서도 지지하고 인정하는 참된 보살의 길임을 금강경 첫머리에서 부처님은 수보리에게 확인해 주고 있다. 수보리와 부처님의 문답을 통해서 금강경의 저자는 자기들이 기치로 내건 대승정신이야말로 석가모니 부처님께서 45년 동안 인도 곳곳을 다니며 가르치셨던 핵심 교설이라는 것을 표명함으로써, 바야흐로 새로운 대승의 시작을 알리는 것이다. 그렇다면 대승불교에서 말하는 석가모니 본래의 가르침은 과연 무엇일까?

應云何住(응운하주) 云何降伏其心(운하항복기심)

깨달음을 추구하는 대승 보살인 선남자 선여인, 즉 어질고 순수한 구도자는 "어떻게 행동해야 하고, 어떻게 그 마음을 항복받아야 합니까?"라는 이러한 질문은 깊은 자기 성찰의 과정을 거쳐서 나온 것이다. 구도자들이 구체적인 실천의 문제에서 어떻게 해야 하는지 어려움에 부닥친 가운데서 나온 절실한 질문인 것이다. 여기서의 항복은 단순한 맹신이나 의존이 아닌 적극적인 엎드림이다. 사람이 맹신하기는 쉽다. 의존 또한 인간의 타고난 본능이라 별 어려움이 없이 된다. 그러나 진리에 항복한다는 것은 맹신이나 의존과는 전혀 다른 차원의 것이다.

마음을 항복받는다는 것은 '나'라는 개체적 자아의 허상성을 깨닫고, 의식을 부단히 전체성에 세운다는 것을 뜻한다. 의식이 전체성에 있지 않고, 개체인 분리된 '나'라는 착각 속에 있으면 바른 실천이 나올 수 없다. 진정한 마음의 항복은 보고 듣고 느끼고 생각하는 모든 것들을 개체인 내가 하는 것이 아닌, 전체의 펼쳐짐으로 볼 때에만 가능하다. 그리고 그것이 곧 석가모니 부처님의 '무아=연기'의 가르침을 받아들이고 실천하는 순수한 자세라고 할 수 있다. 금강경은 대승의 발심한 보살이 어떻게 실천 수행해야 하는지에 대한 수보리의 질문에, 이하 3장에서부터 금강경이 끝나는 32장까지 계속해서, 시종일관 석가모니 부처님의 가르침인 '무아=연기'를 반복해서 들려주고 있다.

우리가 고대의 경전을 읽을 때 주의해야 할 점이 있다. 2500여 년의 장구한 불교 역사를 간직한 경전의 표현법을 오늘날의 현대인들에게 똑같이 적용할 수 없다는 사실이다. 2500년이라는 어마어마한 세월의 경과를 무시하고 단지 문자에 얽매인 해석을 하는 것은 곤란하다. 그나마 불교는 덜하지만 대다수 기독교인들은 2000여 년의 기독교 역사의 시간성을 무시하고 성경은 전지전능한 하나님 말씀이기 때문에 점 하나도 고치면 안 된다고 맹신하기도 한다. 그런 경우 어떤 사람이 성경을 필사하다가 실수로 점이라도 하나 찍었다면 후대에는 그렇게 찍은 점도 하나님 말씀이 되는 것이다.

과학이 발달하면서 어떤 가르침의 내용은 현상적 사실이 아님이 명백히 드러나도, 자신들이 믿고 있던 종교적 토대가 흔들리면 아예 눈과 귀를 닫아 버린다. 정도의 차이만 있을 뿐 그런 맹신의 모습은 어느 종교에나 다 있다. 부처님, 예수님, 공자님 등등 자신들이 받들고 있는 그분들은 일반인과는 다른, 완벽한 신과 같은 존재라고 생각한다. 그분들이 하셨다는 말씀은 그 자체로 진리라고 믿기 때문에 틀에 갇히는 것이다. 부처님이 이렇게 말씀하셨다고 하면 지금도 무조건 진리가 되는 것이 현실이다.

어떤 경전이 후대에 석가모니가 아닌 다른 사람에 의해 서술되었다 해도 맨 앞에 '여시아문' 하나만 집어넣으면 곧바로 부처님 말씀이 돼 버린다. 설령 2500년 전에 부처님이 말씀하신 내용이 단 한 자도 틀림없이 그대로 전해져 내려온다 할지라도 2500년 전의 기록을 현재에 그대로 적용할 수는 없다. 설법(說法)이라고 하는 것은 그 당시, 그 사람들에게 맞게끔 방편으로 법(法)을 설명해 놓은 것이다. 진리를 그때그때의 상황에 맞게 풀어서 가르쳤다는 뜻이다. 그러므로 부처님의 말씀일지라도 그대로 진리일 수는 없다.

이 세상에는 고정된 진리 자체가 없다. 모든 것은 전부 방편이다. 그래서 선불교(禪佛敎)에서는 부처님께서 돌아가실 무렵 자신이 가르친 방편을 후대인들이 진리라고 매달릴까 봐 걱정이 되어서 "나는 지금까지 한마디도 한 적이 없다."라고 말씀하셨다고 가르치기도 한다. 석가모니가 평생 동안 가르쳤던 그 많은 말들을 다 부정해 버렸다는 것이다. 그것들은 진리가 아니라 진리를 듣는 사람들에게 맞게 그때그때 방편으로 설명해 준 것일 뿐이다. 그러니 말과 글은 그 자체로는 진리가 될 수 없다. 하지만 이것이 종교화되면 비록 방편이라 해도 부처님 말씀이니까 진리라고 맹신하게 된다.

汝今諦聽(여금제청) 當爲汝說 (당위여설)

이제 너희가 궁금해하는 바를 가르쳐 줄 테니 깊이 잘 새겨들으라고 부처님께서 미리 당부하신다. 깨달은 스승의 가르침은 그냥 스쳐 들어서는 안 된다. 잘 들으라고 했으면 정말로 잘 들어야 한다. 잘 듣는다는 것은 분리된 개체적 관점이 아닌 전체성의 관점으로 들으라는 뜻이다.

제3 대승정종분 大乘正宗分

: 대승의 바른 진리

佛告須菩提 諸菩薩摩訶薩 應如是 降伏其心 所有一切
불고수보리 제보살마하살 응여시 항복기심 소유일체

衆生之類 若卵生 若胎生 若濕生 若化生 若有色 若無色
중생지류 약난생 약태생 약습생 약화생 약유색 약무색

若有想 若無想 若非有想非無想 我皆令入 無餘涅槃
약유상 약무상 약비유상비무상 아개영입 무여열반

而滅度之 如是滅度 無量無數無邊衆生 實無衆生得滅度者
이멸도지 여시멸도 무량무수무변중생 실무중생득멸도자

何以故 須菩提 若菩薩有我相 人相 衆生相 壽者相 卽非菩薩
하이고 수보리 약보살유아상 인상 중생상 수자상 즉비보살

부처님께서 수보리에게 말씀하셨다.

"모든 보살은 마땅히 이와 같이 그 마음을 항복받아야 한다. 존재하는
모든 중생의 종류 즉, 알에서 태어나는 것이나, 태에서 생겨나는 것이나,

습기로 생겨나는 것이나, 변화하여 생기는 것이나, 형태가 있는 것이나 없는 것이나, 생각이 있는 것이나 없는 것이나, 생각이 있는 것도 아니고 없는 것도 아닌 것들을 내가 모두 완전한 열반에 들게 하여 제도하리라.

이와 같이 한량없고 헤아릴 수 없고 끝이 없는 중생들을 제도하였더라도 실제로는 그 어느 중생도 열반을 얻은 바가 없다. 왜냐하면 수보리야! 만약 보살이 아상·인상·중생상·수자상이 있으면 곧 보살이 아니기 때문이다."

【강설】 2장에서 수보리는 "아뇩다라삼먁삼보리, 즉 궁극의 깨달음을 향해 마음을 일으킨 어진 남자와 어진 여인은 어떻게 행동해야 하고, 어떻게 그 마음을 항복받아야 합니까?"라고 질문하였다. 이에 대해서 "궁금해하는 바를 가르쳐 줄 테니 깊이 잘 새겨들어라." 하셨던 부처님은 3장에서 에두르지 않고 곧바로 벼락 치듯이 충격적인 답변을 하신다.

우선 모든 현상계의 존재에 대해 언급하신다. 금강경 저술 당시 인도에서 통용되던 세계관, 생물 개념 등이 총망라되었다. 부처님께서 21세기에 가르침을 펴셨다면 아마 천문학이나 양자역학, 진화론이나 유전학 등으로도 설명을 하셨을 것이다.

하여튼 보살은 모든 중생들을 전부 제도하여 완전한 열반에 들게 하겠다는 원력을 마음에 품고 그것을 실천에 옮기는 보살행을 해야 한다. 그런데 보살이 이와 같이 헤아릴 수 없고 끝이 없는 중생들을 제도하고, 그들을 진리의 세계로 다 이끌더라도 실제로는 어느 한 중생도 열반을 얻은 바가 없고, 보살은 그들을 구제한 적이 없다고 청천벽력 같은 말씀을 하신다. 현상세계에서는 어리석은 이들을 위하여 열심히 부처님 말씀을 전하고, 그들을 진리의 세계로 이끌더라도 실제로는 그 누구도 구제를 하는 이나 구제를 받는 이가 없다는 것이다. 어째서 구제한 바가 없고 구제받은 바도 없는가?

왜냐하면 수보리야! 만약 보살이 아상·인상·중생상·수자상이 있으면 그것은 곧 보살이 아니기 때문이다.

이것이 바로 금강경이 벼락경인 이유다. 내가 누구를 구제했다는 착각이 있으면 그것은 보살이 아니다. 내가 열심히 포교하고 법보시해서 괴로움 속에서 헤매는 어리석은 이들을 진리의 세계로 모두 다 이끌었는데 보살이 아니라니?

무아이기 때문에 그렇다. '나'라는 것이 있어서 내가 무엇을 했다는 망상에 붙잡혀 있다면 보살이 아니다. 색수상행식(色受想行識)의 오온(五蘊)으로 이루어져 있는, 감각되고 지각되는 이 존재는 실체가 아니다. 따라서 여기에는 주체로서의 어떤 불변하는, 독립적이고 본질적이며 주재(主宰)하는 그 무엇도 있을 수 없다. 자성(自性)이 공(空)한 것이다. 그래서 그 어느 것도 실체일 수가 없다.

주체가 없기에 현상적으로 어떤 행위가 이루어진다 할지라도 그 행위를 일으킨 주재자로서의 나라는 것은 있을 수 없다. 현상적으로는 누구에게 보시를 행했다고 해도 보시를 행한 '나'는 있을 수 없다. 그러므로 보시를 받은 '너' 또한 없다. 구제를 받은 누구도 없다. 현상적인 행위는 있지만 실제로 보살행을 한 사람도 없고, 보살행을 받아 구제를 받은 사람도 없다. 구제하는 행위, 구제받는 행위라는 현상만 있다. 그 현상 속에는 구제를 하거나 구제를 받는 주체로서의 나니 너니, 중생이니 부처니 할 만한 것이 없다. 이것이 바로 부처님이 깨달은 무아의 본래 참뜻이다.

무아의 참뜻에 쉽게 접근하기 위해서 우리 몸을 구성하는 세포 이야기를 잠깐 해 보자. 우리 몸 하나를 형성하고 있는 세포의 수는 대략 60조 개가 된다고 한다. 60조 개 세포 하나하나는 생멸하는 시간이 다르다. 사람의 몸을 형성하고 있는 세포들은 똑같은 날 태어나서 그대로 유지되다가 똑같이 한 번에 소멸하는 것이 아니라 계속 시차를 달리하면서 60조 개의 세포가 교체되고 있다. 그러니까 각각의 세포들은 엄연히 각자 다른 존재라고 볼 수 있다. 우리가 볼 때는 그 세포가 그 세포 같지만 다 다르다. 간세포라고 하더라도 어떤 세포는 건강하고 어떤 세포는 부실하기도 하다. 그런데 인간의 의식은 60조 각각의 세포 의식이 아니라 하나의 개체 의식으로 설정되어 있다. 개개의 세포가 각기 다른 존재가 아니라 이 몸 전체가 통째로 나라고 생각을 한다. 60조 개의 세포 결합체가 하나의 나인 것이다.

의식을 최대한 확장해 보면, 이 현상 세계에서 가장 큰 의식은 우주 의식이다. 우주 전체를 나라고 생각하는 의식이다. 조선 시대에 진묵(震黙)이라는 스님이 우주 의식을 체험하고 게송을 하나 썼다.

天衾地席山爲枕(천금지석산위침)
月燭雲屏海作樽(월촉운병해작준)
大醉遽然仍起舞(대취거연잉기무)
却嫌長袖掛崑崙(각혐장수괘곤륜)

하늘은 이불, 땅은 자리, 산은 베개로
달은 촛불, 구름은 병풍, 바다는 술동이
크게 취해서 문득 일어나 춤을 추나니
행여나 긴소매 곤륜산에 걸릴까 하노라

생각이 확장되어 말과 행동이 거침없이 나온다. 우주 의식을 체험하면 실제로 그렇게 된다. 세상 법이나 규칙을 안 지켜도 자기는 아무렇지 않다고 생각하는데, 아마 정신의학적으로 그 사람의 뇌를 분석한다면 정신이상자와 흡사할 것이다. 일반인의 상식을 벗어난 의식 상태는 현상적 기준으로 보자면 사실 다 정신병이다. 깨달은 사람도 그 의식 상태를 그대로 펼쳐 버리면 세상의 기준에서는 한마디로

미친 사람이 될 수밖에 없다. 버젓이 있는 자기 자신을 내가 아니라고 말하기 때문이다. 우리가 알아야 할 것은 그런 우주 의식조차도 깨달음이 아니라는 사실이다. 완전한 깨달음이냐 아니냐의 단 하나의 잣대는 부처님이 말씀하신 '무아=연기'이다.

　부처님이 위대한 것은 '무아=연기'를 깨달았기 때문이다. 부처님 당시에도 많은 사람들이 깨달음을 얻었다고 해서 성자 칭호를 받았다. 요즘에는 심지어 며칠 만에 견성을 시킨다거나, 부처가 되는 코스가 있다는 등등 깨달음에 대한 별의별 코미디들이 벌어지고 있다. 하지만 실상을 들여다보면 개체적 자아가 몸과 마음을 갈고닦아서 자기를 완성하려 하고, 자기가 성자가 되고, 자기가 부처가 되었다고 착각하는 경우들이 대부분이다. 이와 같이 거의 모든 사람들이 자기를 완성시켜서 깨달았다고 하거나 깨달으려고 할 때 부처님은 '무아=연기'를 깨달았다.

　이 우주 현상계에 드러난 모든 존재는 생겨날 때부터 각기의 자유의지로 생겨날 수 없고, 머무를 수 없으며, 소멸될 때도 스스로 소멸될 수 없다. 왜 그런가? 이 세상 모든 것은 연기적 존재이기 때문에 그렇다. 연기적 존재란 스스로 생겨날 수 없고, 홀로 존재할 수 없고, 항상 대상과 더불어 존재할 수밖에 없다. 석가모니는 "모든 존재는 조건 지어졌다"고 했다. 이런 가르침이 어떻게 2500년 전에 나올 수 있었는지 그저 놀라운 뿐이다. 현대에 와서야 첨단 과학으로 연기 법칙이 조금씩 증명되고 있다.

지금 이 순간에도 태양이 정확히 그 조건으로 있지 않고, 지구가 정확히 그 조건으로 있지 않으면 우리는 한순간도 숨 쉬고 살 수 없다. 그렇듯이 '무아=연기'란 인간의 모든 삶을 비롯해서, 벌어지는 모든 사건들은 한 치의 오차도 없이 서로서로 의존해서 조건 지어졌다는 것이다. 이렇게 우주 현상계의 무수한 조건 중 어느 하나만 무너져도 존재 자체가 유지될 수 없는데, 개체인 나라는 것이 어떻게 독립적으로 존재하는 주체적 자아라고 할 수 있겠는가?

사람들은 대개 눈에 보이는 세상을 진짜라고 확신하며 일생을 살아간다. 그러나 그 당연한 사실에 의문을 품는 극소수의 사람들이 있다. 그들이 바로 구도자다. 구도자들이 평생 동안 치열하게 추구하는 '나는 누구인가?'라는 질문 속의 나는 몸과 마음이 아니라, 참나(진정한 나)를 가리킨다.

참나는 신, 본성, 주인공, 브라만 등등 여러 가지 이름으로 불려 왔다. 우리는 바로 이 '참나'라는 말부터 잘 살펴보아야 한다. 참나는 인도의 힌두교에서 비롯된 것이다. 한자로는 진아(眞我)이며 그것을 우리말로 참나로 풀어서 쓴다. 참나라고 하는 용어는 개념적으로 보자면 '거짓나'의 반대말이다. 그런데 깨달은 스승들이 참나라고 할 때는 거짓나의 반대 개념인 반쪽을 가리키는 것이 아니다.

존재라고 하는 것은 상대세계에 드러나기 때문에, 어떤 것이든 드러나는 그 순간 상대적 존재일 수밖에 없다. 그것은 피해 갈 수 없는 숙명이다. 현상화되었다는 것은 곧 상대성의 한계를 가지고 있다는 것을 의미한다. 그래서 우리가 진리를 말할 때 무엇을 어떻게 설명한 다 해도 그것은 이미 상대적 개념에 입각한 상대적 언어가 되기 때문에 본래의 참뜻을 제대로 파악하기가 어렵다. 참나라는 말도 마찬가지다. 참나라고 표현하는 그 순간 이미 개념적으로는 거짓나의 반대 개념이 되어 버린다. 하지만 그렇게 이해하면 절대성으로서의 참나일 수 없다.

참나를 거짓나의 반대 개념이라고 설정하는 순간 이것은 본래성품인 절대의 성품이 될 수 없다. 그럼에도 불구하고 깨달은 스승들은 현상적 개체 존재가 내가 아니라는 것을 우선 깨우쳐 주기 위해서 개체인 몸과 마음을 거짓나로 일단 설정한다. 그러다 보니 '이게 진짜 내가 아니야? 그러면 진짜 나는 뭐야?'라는 편향된 생각이 일어날 수 있다. 그러나 나는 그냥 나일 뿐 거짓나라는 것은 본래부터 존재하지 않는다. 이렇듯 다만 상대적 개념이지만 깨닫게 유도하기 위한 방편으로 참나라는 표현을 쓸 수밖에 없다는 사실을 알아야 한다.

진리는 언어나 개념에 있지 않다. 똑같은 언어와 개념도 그것을 어떤 관점에서 보느냐에 따라서 그 의미가 완전히 달라진다. 절대는 모든 대상이 끊어진 전체성을 뜻하는데, 그 절대를 분리의식으로 받아들이면 결국 대상과 분리되거나 대상을 초월한 절대자(絶對者)로 변질된다. 그러므로 언어와 개념 그 자체가 중요한 것이 아니라, 그것을 어떻게 받아들이느냐, 어느 관점에서 보느냐가 중요하다. 분리된 의식으로, 상대적 개념으로 바라보면 그 어떤 것도 반쪽일 수밖에 없고, 근원에서 전체를 통째로 보면 그 용어가 무엇이 됐든 그것은 그 자체로 전체성이고, 절대고, 통찰지(洞察智)인 반야(般若)다.

참나니 거짓나니 그런 것이 따로 있을 수 없다. 나는 그냥 나일 뿐이다. 어리석은 중생들을 깨우쳐 주기 위해서 어쩔 수 없이 방편으로 언어와 개념을 사용하는 것이다. 그러나 깨닫기 위한 방편으로 습득한 개념조차 마지막에는 다 부숴야 한다. 그래야 더 이상 개념에 속거나, 개념에 끌려다니지 않는다. 스승이 아무리 완벽하게 설명을 해 준다고 해도 듣는 사람의 의식이 개체의식으로 분리된 상태라면 절대라고 하는 말도 반쪽으로 될 수밖에 없다. 참나라는 용어 하나를 가지고도 얼마든지 시비가 생길 수 있다. 진리는 말이나 지식으로 시비분별해서 이해되는 것이 아니다. 그 안의 참뜻을 가려볼 줄 알아야 한다.

참나, 절대, 본래성품은 개체인 몸과 마음을 나라고 착각하는 개체의식이 사라질 때만 이해될 수 있다. 나라는 것은 절대, 전체성, 본성으로만 있을 뿐이다. 가끔 깨달으나 못 깨달으나 살다가 죽으면 다 절대가 되고, 불성을 회복하고, 본성으로 돌아간다고 오해하는 구도자들이 있다. 지금 이 순간 현상적으로 깨달은 모습으로 드러나든 그렇지 않은 모습으로 드러나든, 모든 것은 그냥 그대로 절대 그 자체, 본성 그 자체, 불성 그 자체의 나다. 실상을 모르는 무지한 개체의식이 이원화시키고 있을 뿐이다. 절대, 불성, 본성은 결코 이원화될 수 없다. 다만 현상적으로 수천수만 가지로 나눠져서 서로 으르렁거리고 시비분별하고 착각하며 펼쳐질 뿐이다. 절대는 항상 그냥 그대로 절대고, 본성은 항상 그냥 그대로 본성이다. 그리고 그것이 바로 참나다.

그렇다면 왜 오직 하나인 절대가 이렇게 복잡하게 나누어지게 되었는가? 거기에는 아무런 이유가 없다. 굳이 이유를 찾자면 절대가 자기 자신을 인식하기 위해서다. 절대는 오직 하나이기 때문에 상대적 인식이 불가능하다. 인식의 조건은 인식자와 인식 대상이 있어야 하므로, 인식이 가능하려면 보는 자와 보이는 대상이 따로 떨어져 있어야 한다. 절대는 본래 하나이므로 이런 현상적인 인식체계로는 인식이 안 된다. 인식이 된다는 것은 분리가 되었다는 것을 전제한다. 그러므로 절대가 스스로를 인식하기 위해서 상대세계에 이렇게 시간과 공간을 만들고 의식으로 스스로를 펼쳐 낸 것이다.

영국의 천문학자 제임스 진스(James Jeans, 1877~1946)가 이런 말을 했다. "50년 전만 해도 사람들은 우주를 하나의 거대한 물질이라고 생각했다. 그러나 우주 전체를 포함하는 초거시적 세계나 원자의 내부와 같은 초미시세계로 들어가면 기계론적인 설명은 더 이상 통하지 않는다. 내가 보기에 이런 극단적인 영역에서는 물질적 측면보다는 정신적인 측면이 더욱 중요하게 작용하는 것 같다. 나는 이 우주가 거대한 물질이 아니라 거대한 의식이라고 생각한다."

절대가 드러난 이 의식은 본래 통째로 하나다. 나의 의식, 너의 의식, 무수한 의식으로 나누어 인식되지만, 바다와 파도의 비유처럼 의식은 전체의식, 곧 하나의 의식이 있을 뿐이다. 이렇듯 진리인 본래 성품의 성질은 오직 하나이므로 상대적 인식이 불가능하고, 인식이 불가능하기 때문에 현상계 입장에서는 존재하지 않는 것처럼 보인다. 하지만 그렇기 때문에 오히려 그것이 참존재다. 그런 절대가 드러날 때는 의식의 형태로 온 우주를 펼쳐 내는 것이다.

　그렇다면 의식으로 드러난 이 우주현상계에서 인간, 동물, 식물, 돌멩이, 먼지로 존재하는 이것들은 무엇인가? 이런 무수한 것들은 각자의 의식으로 존재하는 것처럼 보이는 의식의 나툼이다. 인간은 인간의 의식, 돌멩이는 돌멩이의 의식, 이처럼 인식되는 모든 것은 의식이다. 그것이 사건이든 언어적인 개념이든 현상적으로 드러나 있는 것은 다 하나의 의식이다.

　그리고 의식의 형태로 이렇게 드러나든 드러나지 않든, 모든 것은 있는 그대로 절대, 본성, 참나다. 현상적으로 깨닫기 전에는 자기 자신이 절대임을 모르는 것이고, 깨달은 후에는 모든 것이 본래 절대라는 것을 아는 것이다. 그러므로 만약 '내가 누구를 구제했다, 내가 누구를 도와줬다, 내가 무엇을 했다.'라는 생각을 한다면 그것은 바로 아상·인상·중생상·수자상 등의 착각된 관념이 있는 상태이기 때문에 보살이 아니라는 말이다.

힌두교에서는 이 육체는 껍데기에 불과하고 그 안에 깃들어 있는 영혼을 '아트만'이라고 부른다. 대부분의 불교 종파에서도 윤회를 이야기하는데, 윤회가 있다고 주장하는 쪽에서도 육체가 윤회한다고 하지는 않는다. 몸은 껍데기인 옷이고, 그 안에 들어 있는 마음이 업을 짓고 받으면서 윤회한다는 것이다.

그런데 금강경에서는 부처님께서 가르침이 시작되자마자 이런 것들을 다 부수고 있다. 아트만이라는 것은 없다. 브라만이라는 본체에서 파생되어 나온 아트만이라고 하는 영혼이나 윤회할 수 있는 어떤 주체는 없다는 것이다. 모든 존재는 연기적 존재이기 때문에 그 어디에도 고정된 실체는 없다. 나라고 여겨지는 이 존재는 연기 작용에 의해 생멸하는 하나의 현상체일 뿐이다. 참나는 불생불멸의 절대 그 자체다. 현상세계에 나퉈진 육체든, 마음이든, 설령 관념뿐인 영혼이든 그 모든 것들은 다 실체가 아닌 허상이다. 이것이 부처님의 깨달음인 '무아=연기'이다.

그런데 부처님의 '무아=연기'의 가르침을 믿는 불교에서조차 깨닫지 못하면 윤회를 하고, 깨달으면 더 이상 윤회를 하지 않는다고 한다. 금강경은 이 부분을 정확하게 지적하고 있다. 아상·인상·중생상·수자상은 불변하고 독립적이며 주체적인 어떤 실체가 있다는 견해들인데, 그런 실체적 존재들이 생사윤회를 하며 고통받다가 수행을 통해 업을 소멸하여 해탈하면 윤회에서 벗어나 영원한 행복을 누릴 수 있다고 한다. 이런 잘못된 생각에 묶여 있는 사람들의 착각을 금강경이 시작부터 다 깨부수고 있는 것이다.

"그런 것이 어디 있느냐! 만약 그런 것이 있다고 믿고 거기에 매이면 보살이 아니다. 부처님이 인정하는 보살은 그 따위를 진짜로 있는 것으로 믿으면 안 된다."라고 하면서 금강경은 기존의 왜곡된 어리석은 관념들을 계속해서 반복적으로 깨뜨려 나간다. 처음 이 3장에서 일단 벼락 치듯이 폭탄선언을 해 놓고, 그다음 하나씩 각개 격파로 부숴 나간다. 핵심을 잡고서 보면 금강경의 내용은 그다지 복잡하거나 어렵지 않다. 몸과 마음이 나라는 착각만 없다면 모든 것이 있는 그대로 진리다. 그러니 누가 있어 구제를 하고 누가 있어 구제를 받겠는가?

모든 보살들은 이렇게 알고 이렇게 실천해야 한다. 이 세상 모든 존재들을 남김없이 완전한 열반에 들게 하였더라도, 실제로는 어느 한 중생도 열반을 얻은 바가 없다. 몸과 마음이 나라는 상(相)이 있으면, 중생이니 부처니 하는 상(相)이 있으면 보살이 아니기 때문이다. 이 3장의 말씀으로 금강경의 가르침은 사실상 다 끝난 것이다.

"본래 무아임을 알고, 본래 절대임을 알고, 중생이고 부처고 없다는 것을 바로 알고, 열심히 각자 맡은 바 역할을 충실히 해라. 몸과 마음이 내가 아님을 바로 알고, 진정한 자유인으로서의 삶을 적극적으로 살아라."라고 하는 것이 대승정종(大乘正宗), 즉 대승의 바르고 으뜸가는 금강경의 요지이다.

제4 묘행무주분 妙行無住分

: 머무름 없는 맑고 깨끗한 행

復次 須菩提 菩薩於法 應無所住行於布施 所謂不住色
부차 수보리 보살어법 응무소주행어보시 소위부주색

布施 不住聲香味觸法布施 須菩提 菩薩 應如是布施
보시 부주성향미촉법보시 수보리 보살 응여시보시

不住於相 何以故 若菩薩不住相布施 其福德不可思量
부주어상 하이고 약보살부주상보시 기복덕불가사량

須菩提 於意云何 東方虛空 可思量不 不也世尊
수보리 어의운하 동방허공 가사량부 불야세존

須菩提 南西北方 四維上下虛空 可思量不 不也世尊
수보리 남서북방 사유상하허공 가사량부 불야세존

須菩提 菩薩 無住相布施福德 亦復如是 不可思量
수보리 보살 무주상보시복덕 역부여시 불가사량

須菩提 菩薩但應如所教住
수보리 보살단응여소교주

"수보리야! 보살은 마땅히 그 어떤 것에도 집착하는 바 없이 보시를 행해야 한다. 그것이 바로 형색에 머물지 않는 보시이며 소리, 냄새, 맛, 느낌, 그리고 생각 · 감정에 집착하지 않는 보시니라.

수보리야! 보살은 반드시 이와 같이 보시하여 상에 집착하지 않아야 한다. 왜냐하면 보살이 상에 머물지 않고 집착 없이 보시한다면 그 복덕은 가히 생각으로 헤아릴 수 없기 때문이다.

수보리야! 어떻게 생각하느냐? 저 동쪽의 허공을 가히 헤아릴 수 있겠느냐?"

"헤아릴 수 없습니다. 세존이시여!"

"수보리야! 남서북방과 그 간방(間方)과 상하의 허공을 헤아릴 수 있겠느냐?"

"헤아릴 수 없습니다. 세존이시여!"

"수보리야! 그와 같이 보살이 상에 집착하지 않고 행하는 보시의 복덕도 이처럼 가히 생각으로 헤아릴 수 없는 것이다.

수보리야! 보살은 오직 가르침대로 실천해야 하느니라."

❖

【강설】3장에서 부처님은 보살이 수없이 많은 중생들을 진리의 세계로 인도하여 구제한다 할지라도 그들을 인도했다거나 구제했다는 생각이 없어야 된다고 말씀하셨다. 그런 생각이 있다면 아상·인상·중생상·수자상에 집착하는 것이고, 그런 사람은 상(相)을 여의어 마음을 항복받은 보살이 아니라고 하셨다.

이제 4장에 와서 부처님은 보시에 대해서 말씀을 하신다. 보시는 3장의 그러한 무상(無相)의 가르침을 구체적으로 어떻게 실천해서 마음의 집착을 벗어날 것인가 하는 무주(無住)에 대한 가르침이다. 불교에서뿐만 아니라 모든 종교단체에서 보시는 헌금이나 기부라는 이름하에 많이 권장하고 있고, 신도들도 그것을 매우 중요하게 생각하고 있다. 4장은 그 보시행의 진정한 의미에 대한 것이다. 중생들을 진리의 세계로 인도할 때 그 참뜻을 제대로 알고 해야 하는 것처럼, 보시도 그 의미를 제대로 알고 해야 한다는 것이 이번 묘행무주(妙行無住)장의 취지이다.

금강경 4장에서 부처님이 가르치는 보시의 핵심은 무주상보시(無住相布施)이다. 따라서 보시는 그 어떤 것에도 머물거나 집착함이 없는 보시라야 한다. 그런데 현실에서는 대부분 이번 생에 복을 받거나 아니면 다음 생에 더 좋은 인연으로 태어나기 위해서 보시를 한다. 이것은 흔히 교회에서 헌금을 많이 내면 죽은 후에 천국에서 보상받는다고 하는 것과 크게 다를 바 없다. 내가 지금 하고 있는 보시는 비록 당장은 아니더라도 언제고 나에게 이러저러한 모습으로 이자가 붙어 되돌아와야 한다는 심리가 은연중에 있는 것이다.

그런데 지금 부처님께서 하시는 말씀은 그런 식으로 상에 머무는 보시를 하지 말라는 것이다. 이것은 정말 마른하늘에 날벼락이 아닐 수 없다. 천국에 가려고 먹고 싶은 것, 입고 싶은 것 참아 가며 헌금하고, 다음 생에 좋은 인연으로 태어나려고 푼푼이 모아서 시주하는데 아무런 보상을 바라지 말고 보시하라고 딱 잘라 버리고 있지 않은가?

應無所住(응무소주) 行於布施(행어보시)

이 말씀은 우리가 정말 솔직하고 심각하게 고민해 봐야 한다. 보살은 마땅히 그 어떤 것에도 집착함이 없이 보시를 해야 한다. 그랬을 때에만 그것이 진정한 보시다. 그러한 무주상보시(無住相布施)가 품고 있는 뜻이 얼마나 큰 것인지를 부처님은 수보리에게 이렇게 비유하고 있다.

수보리야! 저 동쪽의 허공을 가히 헤아릴 수 있겠느냐?
헤아릴 수 없습니다. 세존이시여!
수보리야! 남서북방과 그 간방과 상하의 허공을 헤아릴 수 있겠느냐?
헤아릴 수 없습니다. 세존이시여!

끝없는 허공을 어떻게 헤아리겠는가? 아무리 성능이 좋은 우주망원

경으로 본다 하더라도 헤아릴 수 없다.

그와 같이 보살이 상에 집착하지 않고 행하는 보시의 복덕도 이처럼 가히 생각으로 헤아릴 수 없는 것이다.

머무름 없이 행하는 보시야말로 상상할 수 없이 큰 복덕이 있는 묘행(妙行)인 것이다. 그런데 여기서 어리석은 사람은 '그래요? 그럼 내가 아무 조건 없이 베풀면 그때는 진짜로 어마어마한 복덕을 되돌려 받게 된다는 것이군요.'라고 생각한다. 개체인 나라는 것이 주체가 되어 보시를 하는 한 자기 수준에서 짐작하는 그런 어마어마한 복덕은 오지 않는다. 나와 너, 보시와 복덕 등에 집착하지 않는 보시행이야 말로 이 세상 그 어떤 보상이 있는 보시와도 비교될 수 없는 순수하고 깨끗한 보시다. 보시는 이처럼 순수한 마음으로 행해져야 한다.

3장과 4장에 걸쳐서 부처님이 연속적으로 벼락을 쳐서 일깨우려는 핵심은 진리의 길을 가는 구도자의 의식 상태가 어떠해야 하는지에 대한 것이다. 지금 하고 있는 공부가 무아 공부라는 것을 잊지 말아야 한다. 여기에서 한 발짝만 벗어나도 엄청난 해일에 쓸려 가게 된다. 이 공부는 내가 하는 공부가 아니다.

우리의 삶도 마찬가지다. 처음부터 끝까지 연기법(緣起法)에 의해 저절로 펼쳐지고 있다. 이것이 있음으로 저것이 있는 연기 법칙의 펼쳐짐 속에서 한 치의 오차도 없이 모든 것들이 진행되고 있다. 그런데 구도자들은 이런 말씀을 듣고도 틈만 나면 자기가 주체가 되어 뭔가 신비하고 대단한 것을 얻으려 애를 쓰는 어리석은 행동을 한다.

진리를 위해서 목숨을 바친다 하더라도 현상적으로는 얻을 것이 아무것도 없으며, 아무런 보상이 따르지 않는다. 그런데 역설적이게도 바로 이것이 그 어떤 잣대로도 잴 수 없고, 그 어떤 생각으로도 헤아릴 수 없는 복덕이다. 아무 보상도 없지만 이 세상 그 어떤 것과도 비교할 수 없는 진정으로 참되고, 진정으로 순수한 복덕에 대해서 부처님은 지금 말씀하고 계신다.

보시를 하려면 무주(無住) 보시를 해야 한다. 진리를 다른 사람에게 전하려면 무주(無住) 전도를 해야 한다. 무엇을 하든 무주(無住), 즉 집착 없이 머무름 없이 오직 순수한 마음으로 하는 것이 묘행(妙行)이요 최고의 무아행(無我行)이다. 아무 보상이 없지만 최선을 다하는 것, 그것이 구도자가 가야 할 길이다. 그리고 부처님은 마지막에 이렇게 당부하신다.

수보리야! 보살은 오직 가르침대로 실천해야 하느니라.

자기의 생각을 그대로 고집하면서 가르침대로 실천하지 않을 바에는 애초에 이 공부를 할 필요가 없다. 가르침을 지식을 쌓는 데 사용해서도 안 된다. 스승의 가르침은 자기 마음대로 골라잡아 쓸 수 있는 것이 아니다. 그러나 사람들은 자기 생각에 들어맞는 가르침은 쉽게 받아들이고, 자기 생각과 다른 가르침은 잘 받아들이려 하지 않는다. 인생을 살면서 어떤 어려움을 겪든, 주어진 상황 속에서 무엇을 하든, 이 몸과 마음이 나라는 착각, 내가 무엇을 한다는 착각이 없어야 한다. 이것이 의식을 근원에 세우는 것이다.

제5 여리실견분 如理實見分

: 진리에 대한 바른 통찰

須菩提 於意云何 可以身相 見如來不

수보리 어의운하 가이신상 견여래부

不也世尊 不可以身相 得見如來 何以故

불야세존 불가이신상 득견여래 하이고

如來所說身相 卽非身相 佛告須菩提

여래소설신상 즉비신상 불고수보리

凡所有相 皆是虛妄 若見諸相非相 則見如來

범소유상 개시허망 약견제상비상 즉견여래

"수보리야! 어찌 생각하느냐?

몸의 형상으로 여래를 볼 수 있느냐?"

"볼 수 없습니다. 세존이시여!

몸의 형상으로는 여래를 볼 수 없습니다. 왜냐하면 여래께서 말씀하신
몸의 형상은 곧 몸의 형상이 아니기 때문입니다."

부처님께서 수보리에게 말씀하셨다.

"무릇 상이 있는 것은 모두 허망한 것이니

모든 상이 실체가 없음을 본다면 곧 여래를 보리라."

【강설】5장은 금강경 전체를 통틀어서 가장 중요한 가르침이 들어 있는 장이라고 볼 수 있다. 부처님이 수보리에게 이렇게 질문한다. "몸의 형상으로 여래를 볼 수 있느냐?" 그러자 수보리가 "볼 수 없습니다. 세존이시여! 몸의 형상으로는 여래를 볼 수 없습니다. 왜냐하면 여래께서 말씀하신 몸의 형상은 곧 몸의 형상이 아니기 때문입니다."라고 답하고 있다. 신상(身相)은 몸의 형상(形像), 즉 육체다. 그런데 이 육체라고 하는 것은 즉비신상(卽非身相)이다. 신상이 곧 신상이 아니라는 것이다. 육체라고 하는 것은 곧 육체가 아니다. 실체가 아니기 때문에 몸을 보고서는 여래를 볼 수 없다는 것이다.

凡所有相(범소유상)

皆是虛妄(개시허망)

若見諸相非相(약견제상비상)

卽見如來(즉견여래)

무릇 상이 있는 것은

모두 허망한 것이니

모든 상이 실체가 없음을 본다면

곧 여래를 보리라.

금강경에 나오는 첫 번째 사구게(四句偈)인데, 여기서 상(相)이라고 하는 것은 육체뿐만이 아니라 이 현상(現象)세계에 드러난 모든 것을 말한다. 그런데 이 현상(現象)세계의 모든 존재, 모든 현상(現象)은 비상(非相)이다. 다시 말하면 모든 것들이 전부 다 허망해서 실체가 없다. 사람들은 눈에 보이는 것, 인식되는 것들을 전부 실체라고 믿지만 사실은 속고 있는 것이다. 현상(現象)적으로 드러나서 감각되고 지각되어 인식될 뿐 실제로 살펴보면 실체가 없어서 허망하다. 그래서 모든 현상(現象)과 존재들이 텅 비어서 실체와 주체가 없음을 본다면 즉견여래(即見如來), 그것이 곧 진리를 보는 것이다.

이 금강경 사구게(四句偈)는 불교에 좀 관심이 있는 사람들은 거의 다 외우는 구절인데, 금강경의 번역자인 구마라집(鳩摩羅什, 344~413)은 '보이고 인식되는 것'에 대해 '형상 상(像)'자를 쓰지 않고 '서로 상(相)'자를 쓰고 있다. 여기서 왜 '형상 상'자가 아닌 '서로 상'자를 썼는지 정확히 알아야 문장의 깊은 뜻을 헤아릴 수 있다. 이 문장을 약간 다르게 풀어 보자.

"상대와 더불어 서로 의존적으로 존재하는 것은 모두 허망한 것이니,
그런 모든 것들이 허망하여 실체가 없음을 본다면 곧 여래를 보리라."

　제상(諸相), 즉 상대와 더불어 서로 의존적으로 존재하는 것들과 형상(形像)이 있는 것들은 같은 의미다. 세상에 존재하는 모든 형상(形像) 있는 것들은 상대적 존재이기 때문에 현상(現象)세계에서 서로 의존하여 존재한다. 그런데 안목이 없는 사람들은 형상(形像)이 있는 것들을 그 자체로서 다른 것에 의존하지 않고 홀로 성립할 수 있는 독립적 존재로 오해한다. 그래서 연기적(緣起的)으로, 즉 상대와 더불어서 서로 의존적으로 존재한다고 표현해 주면 의미가 더 명확해진다.
　예컨대 나와 너, 너와 나는 동시적으로 쌍생쌍멸(雙生雙滅)한다. 나는 너로 인해서 나로 존재하고, 너는 나로 인해서 너로 존재한다. 그러므로 현상(現象)세계에 드러난 모든 존재는 예외 없이 전부 상호 의타적인 연기적 존재이며 독립된 개별적 주체는 없다. 존재하는 모든 것들은 홀로 존재할 수 없고 상대와 더불어서만 존재할 수 있다. 그래서 금강경을 중국어로 번역할 때 구마라집은 '서로 상(相)'자를 쓴 것이다. 모든 것은 대상과 더불어서만 존재하므로 실체가 없고 허망하다는 것을 명확하게 보면 즉견여래(卽見如來), 바로 진리를 보는 것이다.

　우리가 지금까지 철석같이 믿었던 이 나라고 하는 존재는 실체가 아니고, 그냥 단지 하나의 대상의 대상으로서, 대상인 너라는 상대가 없

이는 홀로 존재할 수 없는 허상이다. 이것 하나만 명백하게 깨달으면 그걸로 끝이다. 진리는 이렇게 단순하다. 부처님이 던져 주는 금강경의 첫 번째 사구게의 벽력과도 같은 가르침은 맹신자나 기복 신앙인에게는 도저히 이해되지 않는다. 도대체 이 말씀이 무슨 내용인지도 모르고 읽으니까, 벼락을 쳤는데 자기가 벼락을 맞은 줄도 모른다.

이 세상 모든 것들은 다 연기적 존재이므로 홀로 존재할 수 없고, 실체가 아니어서 무아다. 그 어디에도 나라는 주체가 없다. 부처님의 깨달음인 '무아=연기'에 대한 가장 기본적인 설명을 지금 금강경 5장에서 하고 있는 것이다. 앞으로 살펴볼 금강경 사구게도 모두 마찬가지다. 금강경은 '무아=연기'에 대해서 이렇게 대수롭지 않은 듯이 여기저기 툭툭 던져 놓고 있다. 그러나 공부하는 입장에서는 이것이 엄청난 충격으로 다가와야 한다.

앞에서 중생 구제에 대한 환상과 보시에 대한 개념을 깨 주었다면, 지금 5장은 개체적인 나라는 존재성에 대해 부정하고 있다. 중생 구제나 보시에 대한 올바른 이해의 바탕은 결국 나라는 존재성의 부정이다. 나라는 존재성을 철저히 부정한 사람은 중생 구제에 대한 환상, 즉 자기가 다른 사람을 구제한다는 착각이 있을 수가 없고, 어떤 행위를 할 때도 내가 남을 위해서 뭔가를 했다는 자랑을 할 수가 없다. 금강경은 시작부터 끝까지 나라는 존재성에 대한 부정을 이렇게 저렇게 피력하고 납득시키고 있는 것이다.

상(相)을 부정한다는 것은 곧 몸과 마음이 나라는 존재에 대한 상

(相)을 부정한다는 말이다. 나라는 존재의 비실체성을 정확하게 꿰뚫으면 다시는 몸과 마음을 나라고 착각하는 어리석음에 빠지지 않는다. 이것이 우리가 금강경을 공부하는 단 하나의 이유이며, 금강경은 나라는 것의 진실을 철저히 밝혀서 우리로 하여금 참되고 지혜로운 삶을 살도록 이끌어 준다. 목숨 걸고 '무아=연기'를 깨닫겠다는 구도자뿐만 아니라 제대로 된 인생의 방향을 잡고 싶은 누구에게라도 이 금강경의 가르침은 정말로 놀라운 깨우침을 준다. 몸과 마음이 나라는, 몸과 마음이 나의 것이라는 착각을 내려놓으면 삶에 더 이상 집착하지 않고 대자유를 얻게 된다.

5장에는 '견여래(見如來)' 즉, '여래를 본다'는 표현이 나오는데 여기서 '여래'를 2500여 년 전 인도의 석가모니 부처님으로 생각하면 안 된다. 여래라고 하든, 세존이라고 하든, 그 무엇으로 부르든 그것은 어떤 인간적인 존재성이나 개체성을 말하는 것이 아니기 때문이다.

여래를 본다는 것은 진리를 본다, 다시 말해서 깨닫는다는 뜻이다. 일체 모든 것이 허망하고 텅 비어서 실체가 없다는 것을 정확하게 본다면 그것이 바로 깨달음이라는 말씀은 우리 인간을 비롯한 모든 존재가 실체가 아니라는 사실을 선포한 것이다. 그러니 개체적 존재를 나니, 너니 하며 실체라고 철석같이 믿고 있는 사람들에게는 벼락도 이런 날벼락이 어디 있겠는가! 금강경은 가르침을 시작하자마자 이렇게 벼락을 때려 잘못된 착각을 부숴 나가고 있다.

기독교 신학의 대가인 폴 틸리히(1886~1965)는 이런 말을 했다. "신은 인간 희망의 종교적 상징이다. 이 세상에 존재하는 모든 것의 근원으로서의 신은 존재 그 자체이기 때문에 존재하지 않는다." 폴 틸리히의 말이 얼마나 정확한가! 신은 인간 희망의 종교적 상징이라고 했다. 그러면 신이 실체라는 뜻인가? 허구라는 뜻인가? 상징이라는 말을 써서 완곡하게 표현했지만, 이 말은 엄청나게 준엄한 말이다. 사람들이 그동안 진리라고 믿어 왔던 하느님이라고 하는 존재는 인간의 두려움과 이기심이 만들어 낸 허구라는 뜻이다.

　하느님이 절대자라면 이 세상에 존재하는 모든 것의 근원이라는 말 아닌가? 신이 그런 뜻이라면 신은 존재 그 자체이므로 현상적으로는 존재할 수 없다. 신은 전체성이므로 독립된 하나의 존재일 수 없다는 것이다. 폴 틸리히도 신학자로서 신의 본질을 끝까지 추구해 보니 이런 지혜에 도달한 것이다. 깨달음도 마찬가지다. 깨달은 스승들은 어떤 특정한 분야가 아니라 전체성에 대해 통째로 역발상을 했다고 볼 수 있다. 부분을 뒤집어엎은 것이 아니라 현상세계 전체를 근본적으로 완전히 뒤집은 것이 깨달음이다. 부분이나 전체나 한판 뒤집는 것은 똑같다. 뒤집고 못 뒤집고는 현상적으로 얼마만큼 열정적으로 하느냐에 따라 달라진다.

　도덕경 1장에 "도를 도라고 말하면 늘 그러한 도가 아니다."라는 표현이 나온다. 절대자 하느님이라고 부르는 순간, 이미 절대의 상태에서 벗어나 상대성으로 현상화되는 것이다. '도'라든지, '하느님'이라는 언어로 분별되어 개념화되기 때문이다. 그러므로 절대자라고 부르는 것은 오히려 절대일 수 없다. 절대자 하느님이라고 말하는 것은 그 말 자체가 틀렸다. 절대에다 '자(者)'를 붙이는 순간 개체가 되어 버린다. 절대는 상대의 반대가 아니라 대상이 끊어진 것, 상대적 시비분별이 끊어진 것을 뜻한다. 그런 절대에 '자(者)'를 붙이면 피조물의 상대적인 개념에 불과한 반쪽 존재가 되는 것이다.

몸과 마음이 나라는 착각만 없다면, 선과 악이 비빔밥 되어 돌아가는 이 현상세계 그대로가 진리이고, 그대로가 절대의 모습이다. 절대성을 상대적 인식이 끊어져서 아무것도 인식할 수 없는 어떤 것으로 받아들이면 안 된다. 그러면 반쪽짜리 공개념으로 빠지게 된다. 현상세계에서 벌어지는 이 모습 그대로 있는 그대로 진리다. 몸과 마음이 나라는 착각이 완전히 떨어져 나가면, 몸과 마음이 내가 아니고 모든 것은 실체가 없다는 차원에만 머무는 게 아니라, 그러므로 모든 것은 실체이고, 진리이며, 진실 그 자체라는 깨달음이 동시에 오게 된다.

사람들은 깨달음에 대해 오해를 하기 때문에 깨달은 사람에 대해서도 오해를 한다. 깨달은 사람은 깨닫지 못한 중생과 달라서 화도 안 낼 것이라고 생각한다. 쉽게 말해서 깨달은 사람을 거룩한 성자로 본다. 이것이 바로 금강경 본문에서 말하는 상에 매달리는 관점이다. "부처님 가운데 토막 같다."는 표현도 있다. 부처님은 해탈을 해서 음

욕이 없다는 것이다. 인도의 자이나교에서는 자신이 깨달았다는 것을 증명하기 위해서 벌거벗고 다닌다. 그동안 종교가 깨달음에 대해 얼마나 왜곡시켜 왔는지 알 수 있는 대표적인 예이다. 도대체 화나고 성욕 일어나는 것이 무슨 죄인가? 깨달은 사람은 밥을 안 먹어도 배가 안 고플까?

깨달은 사람을 보통 사람과는 뭔가 다른, 어떤 특별한 존재로 규정해서는 안 된다. 현상적 개체는 전부 똑같다. 인간이라는 메커니즘이 똑같기 때문에 다를 수가 없다. 다만 한 가지 차이가 있다면 무아를 깨달았다는 것이다. 무아를 깨달았기 때문에 현상적인 이 존재를 더 이상 나라고 착각하지 않는다. 이 상대세계에 어떤 모습으로 드러나든 그것은 모두 있는 그대로 진리 그 자체, 절대 그 자체의 모습이다. 그래서 시비할 것이 없다. 시비분별하고 있는 모습도 시비할 것이 없다. 모든 것은 그 자체로 진리의 모습이다. 절대가 자기 자신을 드러낸 것이 상대세계이므로 절대성과 상대성은 결국 하나다. 말이 다르다고 해서 다른 것으로 보면 안 된다.

우리의 삶은 누구도 대신해 줄 수 없다. 어떤 말씀도 스스로 참구하고 스스로 경험해야 한다. 그렇게 다만 있는 그대로 바라보고 정진할 뿐이다. 있는 그대로 바라보라는 말의 의미는 몸과 마음이 나라는 착각을 내려놓고 무아적 관점으로 모든 것을 알아차림 하라는 뜻이다. 이 세상에는 잘못된 것이 아무것도 없다. 그러나 몸과 마음이 나라는 착각 하나가 끼어드는 순간 모든 것이 문제가 되고, 모든 것이 시비분별 거리로 작동한다. 보통 사람의 심정으로 봤을 때는 억울한 일도 있고, 악한 사람이 선한 사람을 이기기도 하고, 납득 안 되는 것 투성이라도 그 모든 것이 진리라는 사실만큼은 변함이 없다. 우주 현상계 자체가 통째로 진리이기 때문에 이 안에서 벌어지는 그 어떤 것도 다 진리다.

깨달을 '나'라는 것은 본래 없다. 깨달을 어떤 실체가 본래 없다는 것을 깨닫는 것이 깨달음의 내용이다. 깨달음은 내가 깨달아 보겠다고 무르팍 썩어 가면서 삼천배하고, 잠도 안자고 장좌불와(長坐不臥)하면서 낑낑댄다고 얻어지는 것이 아니다. 구도자는 지혜로워야 한다. 지혜로운 사람은 버려야 할 것을 빨리 버린다. 그런데 어리석은 사람은 버려야 할 것을 버리지 못하고 계속 붙잡고 있다.

금강경 5장은 철석같이 몸과 마음을 나라고 믿고 자기가 깨달아 보겠다고, 뭘 어떻게 해 보겠다고 아등바등하고 있는 중생들에게 "그거 너 아니야! 다 허망한 거야! 그 어떤 것도 실체가 아니야!" 하고 존재의 뿌리를 쑥 뽑아서 내팽개쳐 버리는 엄청난 가르침을 주고 있다.

드러난 모든 상은 참이 아니다. 실체가 아니다. 나니 너니 하는 것은 실체가 아니다. 미혹한 중생도, 깨달은 부처도 실체가 아니다.

제6 정신희유분 正信希有分

: 바른 믿음은 희유함

須菩提白佛言 世尊 頗有衆生 得聞如是 言說章句
수보리백불언 세존 파유중생 득문여시 언설장구

生實信不 佛告須菩提 莫作是說 如來滅後 後五百歲
생실신부 불고수보리 막작시설 여래멸후 후오백세

有持戒 修福者 於此章句 能生信心 以此爲實
유지계 수복자 어차장구 능생신심 이차위실

當知是人 不於一佛二佛三四五佛 而種善根 已於無量
당지시인 불어일불이불삼사오불 이종선근 이어무량

千萬佛所 種諸善根 聞是章句 乃至一念 生淨信者
천만불소 종제선근 문시장구 내지일념 생정신자

須菩提 如來 悉知 悉見 是諸衆生 得如是無量福德
수보리 여래 실지 실견 시제중생 득여시무량복덕

何以故 是諸衆生 無復我相 人相 衆生相 壽者相
하이고 시제중생 무부아상 인상 중생상 수자상

無法相 亦無非法相 何以故 是諸衆生 若心取相
무 법 상　역 무 비 법 상　하 이 고　시 제 중 생　약 심 취 상

則爲著我人衆生壽者 若取法相 卽著我人衆生壽者
즉 위 착 아 인 중 생 수 자　약 취 법 상　즉 착 아 인 중 생 수 자

何以故 若取非法相 卽著我人衆生壽者
하 이 고　약 취 비 법 상　즉 착 아 인 중 생 수 자

是故 不應取法 不應取非法 以是義故 如來常說
시 고　불 응 취 법　불 응 취 비 법　이 시 의 고　여 래 상 설

汝等比丘 知我說法 如筏喩者 法尙應捨 何況非法
여 등 비 구　지 아 설 법　여 벌 유 자　법 상 응 사　하 황 비 법

　수보리가 부처님께 말씀드렸다.
　"세존이시여! 여래가 실로 아무런 특별함이 없고, 드러난 모든 것들이
실체가 아니며, 그것을 아는 것이 깨달음이라는 이와 같은 말씀을 듣고
어떤 중생들이 바른 믿음을 낼 수 있겠습니까?"

　부처님께서 수보리에게 이르시되,
　"그런 말 하지 마라. 여래가 멸한 후 오백 년이 지난 뒤에라도 순수한
사람들이 있어서 이 글귀를 보고 능히 신심을 내어 진실된 뜻을 이해하
고 깨닫는 사람이 있을 것이다. 바로 알아야 한다. 이런 순수한 사람들은
한 부처님, 두 부처님, 서너 다섯 부처님께만 선근을 심은 것이 아니라 이

미 한량없는 천만 부처님께 선근을 심었으므로 이 글귀를 듣는 즉시 가슴으로 받아들이게 될 것이다.

수보리야! 여래는 전체를 꿰뚫어보기 때문에 모든 중생이 이와 같은 한량없는 복덕을 얻게 됨을 알 수 있다. 왜냐하면 이 모든 중생에게는 다시는 아상·인상·중생상·수자상이 없으며 법이라는 상도 없고 법이 아니라는 상도 없기 때문이다. 왜냐하면 만약 이 모든 중생들이 마음에 어떠한 상을 가지면 곧바로 아상·인상·중생상·수자상에 집착하는 것이 된다. 법이라는 상에 머무는 것도 아상·인상·중생상·수자상에 집착하는 것이 된다. 왜냐하면 법이 아니라는 상에 머무는 것도 마찬가지로 아상·인상·중생상·수자상에 집착하는 것이기 때문이다. 그러므로 마땅히 법에 머물지도 말고 법이 아님에 머물지도 말라."

이런 까닭으로 여래는 항상 말하였다.

"제자들이여! 나의 설법이 뗏목의 비유와 같음을 안다면 법조차 버려야 하거늘 하물며 법 아닌 것에 있어서야 말해 무엇 하겠느냐?"

【강설】6장은 좀 길지만 내용은 어렵지 않다. 본문은 수보리가 부처님께 그 당시의 상황이 아니라 앞으로 일어날 일을 걱정하고 있는 것이다. "지금 저희들은 부처님께서 살아 계셔서 직접 가르침을 받으니

이런 진귀한 말씀을 그래도 좀 알아듣고, 믿음을 내고, 실천하고, 깨달을 수 있겠지만 앞으로 부처님 돌아가시고 나서 오백 년, 천 년, 이천 년이 지난 후에도 가르침이 제대로 전해져서 믿고 받아들이는 이들이 있겠습니까? 깨달은 자와 깨닫지 못한 중생이 다를 것이 하나도 없고, 깨달았다고 해서 특별해지는 것도 없고, 드러난 모든 것들은 주체도 없고 실체가 아니라는 이런 가르침을 직접 듣고 배우는 우리야 그렇다 해도, 도대체 몇 백 년, 몇 천 년이 지났을 때 누가 이런 가르침을 믿고 따르겠습니까?" 여기에 대해서 부처님이 이렇게 답을 하신다.

"그런 말 하지 마라! 여래가 멸한 후 오백 년이 지난 뒤에라도 순수한 사람들이 있어서 이 글귀를 보고 능히 신심을 내어 진실된 뜻을 이해하고 깨닫는 사람이 있을 것이다."

부처님은 후대에도 자신의 가르침이 계속 전해질 것을 알고 있었다. 그러나 시간이 흐르다 보면 어쩔 수 없이 진리가 그대로 보존될 수 없다는 점도 너무나 잘 알고 있었다. 하지만 진리에 대한 참된 가르침이 오랜 세월이 지나면서 아무리 훼손되고, 별별 모습들로 왜곡된다 할지라도 의식이 순수한 사람들이 반드시 있어서 참된 진리를 전하는 한 구절만이라도 듣고 접하면 그 참뜻이 무엇인지를 알아보게되어 있다는 것이다. 이어서 부처님은 또 이렇게 말씀하신다.

"바로 알아야 한다. 이런 순수한 사람들은 한 부처님, 두 부처님, 서 너 다섯 부처님께만 선근을 심은 것이 아니라 이미 한량없는 천만 부 처님께 선근을 심었으므로 이 글귀를 듣는 즉시 가슴으로 받아들이게 될 것이다."

이 대목을 읽고 글자 그대로 받아들이면, "봐라! 금강경을 통해서 부처님께서 직접 윤회를 말씀하고 계시지 않느냐! 오랜 세월 수만 겁 동안 윤회하면서 수없이 많은 부처님 밑에서 공부를 하고 선근을 심 고, 다시 거듭 태어나서 또 다른 부처님을 만나고 공부하다가 마지막 생에 와서 깨닫게 되는 것이다." 대부분 이렇게들 이해하게 된다. 물 론 그 당시 사람들이 대부분 윤회사상을 믿고 있었으니까 금강경을 저술한 사람도 윤회사상을 방편이 아닌 진실로 믿어서 그런 뜻으로 썼는지는 모르겠다.

그러나 진리적 측면에서 볼 때, 어떤 개체적 존재가 윤회를 해서 계 속 그런 식으로 부처님을 만나 선근을 심고 심어서, 마지막에 이 경을 듣거나 보는 순간 즉시 가슴으로 받아들이게 된다는 금강경의 이러한 서술은 글자 그대로 사실이 아니고 의미 전달을 위한 문학적 수식이 다. 금강경의 이러한 묘사를 현대적으로 풀이하면, 이 세상에 순수한 구도자가 나오기까지는 138억년의 연기적 조건이 들어 있다는 뜻이 다. 그것을 개체의 윤회로 본다는 것은 결코 진리적인 관점이 아니다. 138억 년 전에 이 우주가 생긴 이래로 수없이 많은 현상세계에, 수없이 많은 구도자들과, 수없이 많은 깨달은 스승들의 순수한 배움과 가르침과 정성들이 지금 이 순간 고스란히 함께하고 있다는 것이다. 그렇게 긴 세월 동안 끊임없이 깨달음의 에너지가 뭉치고 뭉쳐져 왔다는 뜻으로 이해해야 한다.

"수보리야! 여래는 전체를 꿰뚫어 보기 때문에 모든 중생이 이와 같은 한량없는 복덕을 얻게 됨을 알 수 있다. 왜냐하면 이 모든 중생에게는 다시는 아상·인상·중생상·수자상이 없으며, 법이라는 상도 없고 법이 아니라는 상도 없기 때문이다."

석가모니 부처님은 무려 2500년 전에 당시의 사람들이 가지고 있었던 고정관념, 그리고 지금도 마찬가지인 그 고정관념들을 남김없이 깨부줬다. 현상세계에 대한 연기법(緣起法)의 실상을 깨닫지 못한 사람들에게 이 세계가 실재한다는 믿음은 아직도 확고하다. 최근에 와서야 진리의 일정 부분을 첨단 과학에서도 조금씩 밝혀내고 있지만, 아직도 존재의 뿌리가 무아임을 깨달은 석가모니처럼 온전히 밝히지는 못했다. 과학은 '무아=연기'의 가르침을 완벽히 이해할 수 없다. 부처님의 위대성은 모든 사람들이 브라만교에 갇히고, 윤회에 속고, 선정삼매에 매몰되고, 고행주의에 빠져 있을 때, 당시의 상식과 믿음을 완전히 뒤집어엎는 참진리를 깨달았다는 데 있다.

나는 이 몸과 마음이라는 하나의 개체성이 아니라, 개체성이 배제된 전체성, 즉 모든 것이다. 몸과 마음이 나이고, 생각과 말과 행동을 내가 한다는 개체적 관점을 지속적으로 배제해 나가는 작업이 알아차림이고 그러한 과정이 수행이다.

석가모니는 이 우주현상계의 법칙을 완전히 꿰뚫고 모든 것은 연기하므로 무아라는 진실을 깨달았다. 절대성을 깨달은 것이다. 절대성 속에는 법이라는 상(相)도 없고, 법이 아니라는 상(相)도 없다. 그러므로 마땅히 법이라는 상(相)에도 머물지 않고, 법이 아니라는 상(相)에도 머물지 않는다.

"제자들이여! 나의 설법이 뗏목의 비유와 같음을 안다면 법조차 버려야 하거늘 하물며 법 아닌 것에 있어서야 말해 무엇 하겠느냐?"

부처님이 45년 동안 설법을 했는데, 늘 말씀하시기를 자신의 가르침은 뗏목이라고 했다. 뗏목이라고 하는 것은 강을 건너 저쪽 세계로 건너가기 위해 필요한 도구다. 그러므로 가르침이 필요할 때는 사용하되, 그 가르침에 속박되어서는 안 된다. 진리 자체에도 집착해서는 안 된다. "이것이 진리다."라고 붙드는 순간 그것은 진리가 아니다. 진정한 구도자는 진리니, 가르침이니, 깨달음이니 하는 모든 것에 집착이 없어야 한다. 그런 모든 집착이 없을 때에만, 목적을 이룬 뒤에 아무 미련 없이 방편을 버릴 수 있다. 그런데 어리석은 사람들은 강을 건너기 위해 방편으로 만든 뗏목에 집착한다. 구도자는 그런 어리석은 짓을 하지 말라는 당부의 말씀인 것이다.

손가락으로 달을 가리키면 바로 달을 보면 되듯이, 가르침은 참나인 절대성을 알려 주기 위한 방편일 뿐이다. 우리가 보아야 할 것은 손가락이 아니라 달이다. 그런데 대부분의 구도자들이 손가락에 매달리는 우를 범한다. 이 말씀은 어떻고 저 말씀은 어떻고, 이 길은 빠르고 저 길은 느리고 하면서 분별한다. 구도자는 그런 현상적인 외형에 집착하고 시비하면 안 된다. 분명히 진리에 대한 개념들을 정확하게 알고 가야 하지만, 개념 자체에 빠져서 논리적으로 파고드는 것은 구도의 본질이 아니다. 학자처럼 이론으로 아무리 잘 정리를 한다 하더라도 깨달음은 학문이 아니다.

금강경을 읽는 목적은 이런 모든 언어적 개념을 방편 삼아 참나인 절대의 본래성품을 깨닫는 것이다. 이 현상세계의 모든 것들은 전부 그 순간순간 찰나찰나 생멸한다. 도무지 매달리고 싶어도 매달릴 수가 없다. 그렇게 소중하게 생각하는 목숨, 가족, 재산, 그 따위 실체 없고 뿌리 없는 것에 매달릴 이유가 없다. 목숨, 가족, 재산은 물론이고 진리라고 하는 그것조차도 매달리고 집착할 것이 없다. 진리조차도 그런데 진리 아닌 것에 있어서야 더 말해서 무엇 하겠는가!

"무릇 형상이 있는 모든 것은 다 허망한 것이니, 모든 형상이 실체가 없음을 본다면 곧 여래를 보리라."

앞에서도 이미 말씀하셨듯이, 현상세계의 모든 것들은 전부 실체가 없다. 이것을 가슴으로 받아들인다면 도대체 어디에 집착을 할 수 있겠는가? 그러한 진리를 확연하게 알았는데 어떻게 집착을 할 수 있겠는가? 이것이 금강경에서 부처님이 거듭거듭 강조하시는 말씀이다. 진리가 무엇인지 모르는 사람은 금강경을 수백 번 읽고, 전부를 외워도 도대체 이것을 왜 『벼락경』이라고 하는지 감이 오지 않는다. 금강경은 보석처럼 빛나는 경전이 아니라 한마디로 살벌한 경전이다. 기존에 가지고 있던 잘못된 앎과 진리에 대한 어리석은 모든 개념들을 단번에 내리쳐서 부숴 버리는 벼락이기 때문이다.

제7 무득무설분 無得無說分

: 깨달음도 없고 설함도 없음

須菩提 於意云何 如來 得阿耨多羅三藐三菩提耶
수보리 어의운하 여래 득아뇩다라삼먁삼보리야

如來 有所說法耶 須菩提言 如我解 佛所說義
여래 유소설법야 수보리언 여아해 불소설의

無有定法 名阿耨多羅三藐三菩提 亦無有定法 如來可說
무유정법 명아뇩다라삼먁삼보리 역무유정법 여래가설

何以故 如來所說法 皆不可取 不可說 非法 非非法
하이고 여래소설법 개불가취 불가설 비법 비비법

所以者何 一切賢聖 皆以無爲法 而有差別
소이자하 일체현성 개이무위법 이유차별

"수보리야! 어찌 생각하느냐?

여래가 아뇩다라삼먁삼보리를 얻었느냐?

또한 여래가 가르친 진리라는 것이 있느냐?"

이에 수보리가 부처님께 아뢰었다.

"제가 부처님의 가르침을 이해하기로는 아뇩다라삼먁삼보리라고 이름할 어떤 정해진 법이 있는 것이 아니며, 또한 여래께서 말씀할 어떤 정해진 법이 있는 것도 아닙니다. 왜냐하면 여래께서 설하시는 법은 모두 듣고 취할 수도 없고, 말로 표현할 수도 없고, 법도 아니며, 법 아닌 것도 아니기 때문입니다. 그 까닭은 일체의 현성들은 모두 함이 없는 법으로써 다름이 있기 때문입니다."

【강설】제자인 수보리에게 스승인 부처님께서 자신이 아뇩다라삼먁삼보리, 즉 궁극의 치우침 없는 완전한 깨달음을 얻었느냐고 묻고 있다. 부처님 제자들은 석가모니가 완전한 깨달음을 얻으신 분이라고 믿었기 때문에 와서 제자가 되었고, 따라서 지금 금강경 법회에서도 제자인 수보리가 스승인 부처님께 진리에 대해서 묻고 가르침을 듣는 중이다.

그런데 대뜸 제자인 수보리에게 부처님께서 "여래가 완전한 깨달음을 얻었느냐? 여래가 가르친 것이 있느냐?"라고 묻고 있다. 사실 많은 구도자들과 불교인들은 석가모니 부처님이 아뇩다라삼먁삼보리라고 하는 어떤 정해진 진리를 깨달으셨고, 그 깨달은 진리를 45년 동안 설하셨다고 믿고 있다. 그러므로 그 진리의 말씀을 모아 놓은 팔만대장경은 글자 하나 틀림이 없으며 그대로 받들어야 한다고 생각한다. 그런데 금강경은 지금 그런 고정관념을 부숴 주고 있다. 말에 속지 말라는 것이다.

부처님은 45년 동안 어떤 하나의, 고정된, 불변의 진리를 전해 준 것이 아니다. 만약 그런 것이 있다면 한 치의 오차도 없이 받아들여서 가슴에 품고 전부 외워서 자기 것으로 만들어야겠지만, 부처님이 설한 모든 법은 어떤 고정된 진리를 가르친 것이 아니다. 일반적으로 흔히들 생각하는 그런 진리, 그런 깨달음은 없다. 그럼에도 불구하고 안타깝게도 대다수의 구도자들은 깨달은 스승들의 가르침을 어떤 하나의, 고정된, 불변의 진리로 받아들인다. 깨달음과 구도에 대해서도 다른 일반 분야에서 하던 것과 똑같이 기존에 자신들이 보고 듣고 배웠던 방식대로 반응하는 것이다. 진리라는 것이 머리로 이해할 수 있고, 말로 설명될 수 있는 것이라면 그것은 이미 진리가 아니다.

부처님이 말씀하시는 아뇩다라삼먁삼보리라고 하는 것은 내가 부처가 되는 것이 아니라 그냥 본래 부처였음을 깨닫는 것이다. 본래 부처인데 부처를 새로 만들 수는 없다. 내가 부처가 아니라면 열심히 갈고 닦아서 부처가 되어야겠지만, 본래 부처인데 어떻게 갈고닦아서 부처가 될 수 있겠는가? 이것은 머리로 이해한다고 되는 것이 아니라 가슴으로 체득해야 하는 것이다.

중국 당나라 때의 일화다. 회양(懷讓, 677~744) 선사가 하루는 좌선

(坐禪) 수행하는 마조(馬祖, 709~788)를 보고 물었다.

"지금 무엇을 하고 있는가?"

"성불하려고 좌선 수행 중입니다."

그러자 회양선사는 벽돌 하나를 들고 와서는 좌선하는 마조 옆에서 돌에 대고 갈아 댔다. 마조가 괴이해하며 회양 선사에게 물었다.

"지금 무엇을 하고 계십니까?"

"벽돌을 갈아서 거울을 만들려고 하네."

몸과 마음을 갈고닦아서 성불하려는 것은 마치 벽돌을 갈아서 거울을 만들려고 하는 것만큼이나 무모한 짓이다. 그런데 지금도 구도자들은 대부분 깨달음을 그렇게 생각하고 있다. 자기가 열심히 갈고 닦아서 지질하고 보잘것 없는 자신의 모습을 성스럽고 거룩한 모습으로 바꾸려 한다.

일체의 현성(賢聖)들은 모두 함이 없는 법으로써 다름이 있기 때문입니다.

주목해서 보아야 할 대목이다. 이것은 세상에서 말하는 차별성을 말하는 것이 아니라 일체의 현성들, 즉 깨달음이 드러난 스승들은 일반 범부 중생과는 의식이 다르다는 것을 뜻한다. 깨달은 스승들은 무위법(無爲法), 즉 함이 없는 법으로써 살아간다. 유위법(有爲法)은 생멸법이고 무위법은 불생불멸법이다. 유위법이 현상세계에 생멸로 펼쳐지는 모든 것이라면, 무위법은 생멸이 없는 영원한 법이다. 깨달은 스승들은 영원불멸한 삶으로 지금 존재한다. 깨달은 현성들의 삶은 생멸이 없는 삶이다.

이런 말을 하면 사람들은 '깨달으면 영원히 안 죽는구나!' 하고 오해를 한다. 그러나 이 말은 몸과 마음의 차원을 말하는 것이 아니라 참나의 본래성품을 말하는 것이다. 깨닫지 못한 범부 중생들은 모두 죽고, 깨달은 스승들은 죽지 않는다는 그런 뜻이 아니다. 그렇다면 모든 깨달은 스승들은 어떻게 불생불멸의 삶을 살게 되는 걸까? 생멸하는 개체인 몸과 마음을 나라고 착각하지 않기 때문에 불생불멸의 참나로서 영원한 삶을 살 수 있는 것이다.

무위(無爲)라는 표현이 들어가는 말로 우리가 익히 들어 왔던 '무위자연(無爲自然)'이 있다. 그런데 무위자연의 의미를 대개는 "인위적인 것을 버리고 자연으로 돌아가자! 자연은 원래 그 모습 그대로니까 그런 자연 속에서 자연인으로 살자."는 뜻으로 이해한다. 이것은 결국 우리 인간의 삶은 자연스런 삶에서 벗어나 있다는 것이다. 이런 오해가 생기는 이유는 자연에 대한 개념 정립이 제대로 되어 있지 않기 때문이다.

우주가 생겨나고 지구가 돌아가는 모습은 자연의 상태고, 그런 자연에 인간이 시멘트 건물을 짓고 산을 뚫어서 길을 만드는 행위는 자연이 아닌 것으로 알고 있다. 그런데 이것은 모두 인간 중심적인 사고에서 나온 것이다. 개미가 땅굴을 파서 산을 훼손시키는 것은 자연이고, 인간이 산을 뚫어서 길을 내는 것은 자연이 아닌가?

이것은 인간이 지나치게 환경을 훼손해서 문제가 된다는 것과는 다른 이야기다. 개미가 살아가는 모습과 인간이 살아가는 모습은 다를 것이 아무것도 없다. 새가 나무 위에 둥지를 만드는 것이나 인간이 아파트를 짓는 것이나 다를 바가 없다. 인간도 개미나 새와 마찬가지로 지구의 한 부분에 불과하다. 인간 중심적인 제한된 사고의 틀에서 벗어나지 못하면 현상세계에서 펼쳐지는 것들에 대한 시비분별에서 빠져나올 수가 없다. 무위자연의 근본 뜻을 제대로 알고 사용해야 한다.

불생불멸인 절대를 상징하는 것으로 일원상이 있다. 일원상은 그 안을 보지 말고 동그란 원 자체를 봐야 한다. 원은 어디가 시작이고 끝인지 알 수 없으며, 그 자체로 하나를 뜻한다. 시작과 끝을 알 수 없다는 것은 절대성을 의미하며, 하나라는 것은 숫자로서의 하나가 아니라 전체성을 의미한다. 절대성에는 이원적인 시작과 끝이 없으며, 상대적인 생과 멸이 없다. 생멸이 없는 것은 현상적으로는 존재하지 않는 것처럼 인식된다. 절대는 생멸이 없기 때문에 인식되지 않을 뿐이지 아예 아무것도 없는 것이 아니다.

절대는 존재 그 자체이므로 유와 무의 개념에 갇히지 않는다. 다만 생과 멸, 시작과 끝이라고 하는 상대적인 인식을 할 수 없기 때문에 현상적인 주·객 이원적 인식체계로는 절대를 안다는 것이 불가능하다. 하지만 인식이 안 된다고 해서 절대가 없는 것이 아니다. 절대인 전체성으로서의 존재 그 자체는 이 현상세계에 어떤 하나의 개체적 대상물로 존재하지 않을 뿐이다.

이런 설명이 어렵고 복잡하게 들릴 수도 있다. 왜냐하면 보통의 경우 인식체계가 상대성의 한쪽에 치우쳐진, 다시 말해서 관찰자의 입장에서 대상을 보는 인식 체계로만 작용하기 때문에, 그 인식 작용을 벗어난 것에 대해서는 당연히 이해되지 않을 수밖에 없다. 그러나 그런 인식 작용을 벗어나는 깨달음이 오면 존재 그 자체라는 의미를 확연하게 알 수 있다. 깨달음이 드러난 사람의 의식 구조는 관찰자가 관찰 대상을 보는 상대적인 인식 작용이 아니라는 것을 일단 개념으로라도 설명해 주는 것이다.

깨달은 사람들은 진리를 설명하기 위해 개념적 언어를 사용하지 않을 수 없다. 언어 없이는 전달 자체가 불가능하기 때문이다. 그런데 사람들은 언어에 매여서 상대적이며 이원적인 인식의 틀 속에서 살아간다. 따라서 사람들에게 절대성에 대해서 아무리 설명해 줘도 절대는 상대적 대상물처럼 인식할 수 없기 때문에 감을 잡을 수가 없다. 그래도 어쩔 수 없이 상대성을 통해서 접근하는 것 외에는 다른 방법이 없다. 달을 가리키는 손가락을 통해서 달을 볼 수 있듯이 상대성으로 펼쳐진 이 현상세계를 통해 지혜를 얻어야만 하는 것이다.

현상세계는 통째로 하나인 절대가 드러난 모습이며 그러한 현상세계는 상대적인 모습으로 인식된다. 우주 현상계가 이렇게 존재한다는 것은 곧 인식되었다는 것이고, 이것은 하나인 전체가 인식하는 자와 인식되는 대상으로 나누어진다는 것이다. 그러나 존재 그 자체인 절대는 오직 하나다. 오직 하나인 절대가 자기 자신을 현상세계에 드러낼 때는 둘로 드러나기 때문에 하나인 절대와 둘인 상대는 결국은 같은 것이다.

따라서 인식되는 현상세계뿐만 아니라 인식되지 않는 절대도 동시에 그대로 있는 것이다. 절대가 절대 자신을 떠나서 다른 곳에 상대를 만들어 내거나 하는 것이 아니기 때문이다. 그러므로 깨달은 사람은 눈에 보이는 현상세계를 보면서도 그것이 있는 그대로 절대라는 것을 명확히 안다. 깨닫지 못한 사람은 몸과 마음을 나라고 착각하기 때문에 개체성을 벗어 버리지 못한다. 그래서 눈에 보이는 대로, 감각에 느껴지는 대로, 인식되는 대로 그냥 믿으면서 분별된 세상을 실제로 분리된 줄로 알고 살아간다.

분명히 알아야 할 것은 지금까지 나라고 착각하고 매달려 왔던 몸과 마음은 참나인 절대가 자기 자신을 드러낼 때, 상대적으로 쪼개져서 투영시킨 다양한 현상 가운데 일부일 뿐이라는 사실이다. 현상적으로 이렇게 드러나서 각자의 삶을 살아가는 이 존재는 연극 속의 캐릭터와 같다. 연극 속에는 선한 배역도 있고 악한 배역도 있지만 그것은 결국 연극이다. 사람들은 이 존재의 허상성을 정확하게 깨닫지 못하기 때문에, 펼쳐지는 연극 속의 캐릭터를 진짜로 분리된 나라고 믿고 삶의 마지막 순간까지도 전전긍긍하며 죽어 간다.

개중에는 고단한 삶에 지친 나머지 미래의 이상향이나 사후세계를 꿈꾸며 유토피아, 천국, 불국토를 추구하기도 한다. 그러나 천국, 불국토, 유토피아 같은 것은 없다. 그냥 희망사항이고 망상일 뿐이다. 그렇게 해서 마음은 편할 수 있겠지만 그런 것은 없다. 절에서는 지금도 이런 세계를 희구하며 비싼 비용을 치러가며 천도재를 지낸다. 몸(육체)은 없어지니 마음(영혼)이라도 남아 줬으면 하는 인간적인 바람이야 이해가 안 되는 바는 아니지만 딱한 노릇이다. 몸과 마음은 동전의 양면 같은 쌍이므로 몸이 사라지면 마음도 사라질 수밖에 없다. 삶 없는 죽음이 없고, 시작 없는 끝이 없듯이, 몸 없는 마음이라는 것은 있을 수 없다.

불교에서는 '인드라 망'이라는 표현을 한다. 이 현상세계는 그물망처럼 모든 것이 서로서로 연결되어 있다는 것이다. 따라서 생각 하나를 일으킬 때도 무수한 연결고리에서 그 한 생각이 일어나는 것이다. "내가 이 생각을 일으켜야지!"라고 해서 생각이 일어나는 것이 아니라는 말이다. 최근 뇌 과학 분야에서도 그동안 당연한 상식으로 받아들였던 자유의지에 대해서 그것이 과연 존재하는지의 문제가 활발히 논의되고 있으며, 벤자민 리벳(Benjamin Libet, 1916~2007)의 자유의지 실험 이후 여기저기서 동일한 실험 결과가 보고되고 있다. 자유의지가 없다는 설명을 하면 납득하지 못하는 대부분의 사람들은 이런 질문을 한다. "우리가 자유의지가 없다면 로봇과 똑같은 거잖아요? 그러면 책임질 일도 없고 그냥 아무렇게나 살아도 되겠네요?"

아무렇게나 살고 안 살고조차 자기 자유의지로 되는 것이 아니다. 그러한 결정조차도 전체의 연기 법칙의 그물망에서 벗어날 수 없다. 자유의지가 없다는 것은 단순한 결정론이나 운명론이 아니다. 진리적 관점에서 모든 것이 정해져 있다는 말은 시간성이 초월됨을 의미한다. 따라서 미래에 일어날 일이 과거에 미리 정해져 있다고 하는 시간성이 개입되는 결정론과는 애초에 차원부터가 다른 이야기다.

이 세계는 개념의 세계다. 개념의 세계에서는 모든 것들이 연기(緣起)법칙에 의해 동시에 조건지어져 함께 연결되어 있다. 석가모니는 연기(緣起) 법칙을 "이것이 있으면 저것이 있고, 이것이 없으면 저것도 없다."라고 표현하셨다. 연기 법칙에 따르면 시간이 있으면 공간도 있고, 시간이 없으면 공간도 없다. 시간이 생겨나면 공간이 생겨나고, 시간이 사라진다면 공간도 사라진다. 둘은 이렇게 함께 생하고 함께 멸하는 개념이다. 이 우주현상세계가 사라지게 되면 시간과 공간이라는 개념도 사라진다. 인식될 수 있는 것이 아무것도 없기 때문이다. 그래서 시간과 공간은 현상세계와 함께 가는 것이다. 시간과 공간은 서로 떼려야 뗄 수 없이 한 쌍으로 묶여 있는 개념이면서, 동시에 우주현상세계와도 떼려야 뗄 수 없는 관계 속에 있다.

시간과 공간은 원래부터 있는 것이 아니고, 인식하기 위한 개념으로 사용하는 것이다. 우리는 인식하기 위해서 시간과 공간이라는 개념을 설정해 놓고, 공간을 3차원으로 보고 있다. 인간은 3차원 공간까지 인식이 가능하지만 만약 1차원만 인식하는 어떤 존재가 있다면 일직선상의 것만 인식할 수 있을 것이다. 거기에서 벗어나는 것은 인식할 수 없다. 2차원인 평면만 인식할 수 있는 존재는 바닥에 있는 것들은 인식할 수 있지만 거기에서 조금이라도 떠 있는 물체는 인식할 수 없을 것이다. 이것이 차원이다. 과학에서는 공간도 10차원까지 있다고 본다. 우리는 10차원은 고사하고, 공간 4차원도 이해를 못 한다. 인간이 인식할 수 있는 한계가 공간 3차원이기 때문에 기껏해야 시간 1차원을 더해서 시공간 4차원까지 인식이 되는 것이다. 공간만 4차원은 인식할 수 없다. 그것이 인간에게 조건 지어진 인식의 한계다.

절대는 시공간의 차원이 없다. 여기서 없다는 것은 단순히 없다는 뜻이 아니라, 모든 차원을 초월한다는 의미다. 모든 것이 있는 상태와 모든 것이 없는 상태가 고스란히 통째로 있어서 나누어질 수 없는 것이 절대의 성품이다. 그러므로 절대는 무차원이라고 했을 때 그것은 아무것도 없다는 무가 아니라 모든 것을 초월하는 무다. 전체성으로서 모든 것이 있다는 것이다. 이런 말들은 보통 사람들의 이원적 인식체계로는 이해가 쉽지 않다.

인간이나 세상은 본래 완전하다. 의식이 착각된 상태일 때 나라는 분리된 개념적 존재가 생겨나고 세상과 삶이 불완전하다고 생각되는 것이다. 그러므로 깨달음이라는 것은 착각이 사라져서 본래의 완전함이 드러나는 것이지, 개체인 자기가 새롭고 특별한 것으로 완성되는 것이 아니다. 많은 구도자들이 이것을 착각하고 있다. 즉 몸과 마음을 갈고 닦아서 개체가 특별하고 훌륭한 존재가 되는 것으로 착각하고 있다는 말이다. 그래서 신통술을 선호하고, 깨닫고 나면 자기가 엄청난 존재가 될 것으로 기대한다. 깨달음은 자기 완성이 아니라 철저한 자기 없음이다. 에고가 완전히 사라지면 완전함이 그대로 드러나고, 이 세상은 원래 한순간도 완전하지 않은 적이 없었으며, 본래 성품으로서의 나 자신도 완전하지 않은 적이 없었다는 것을 알게 되는 것이다. 다만 에고로 인해서 그것을 모르고 살아가고 있을 뿐이다.

함이 없는 무위법은 몸과 마음이 나라는 착각에서 벗어난 것을 뜻한다. 착각에서 벗어나면 무위법이고, 벗어나지 못하면 유위법이다. 착각은 진짜 있는 것이 아니다. 우리는 하나의 어떤 존재로 이렇게 생해서 꼬물꼬물 살다가 멸하는 그런 유위법에 구속된 존재가 아니다. 그런 생멸법의 제한을 받는 존재들은 다 허깨비다. 꿈을 꾸다가 깨고 나면 그 꿈속에 등장한 인물들은 한순간에 전부 사라진다. 꿈속에 등장한 인물을 가리켜 태어났다거나 죽었다고 하지 않는다. 꿈속에 나타난 존재들은 태어난 것도 아니고 죽은 것도 아니다. 의식 안에 투영됐다가 의식이 꿈을 깨면 그냥 사라질 뿐이다. 꿈속의 캐릭터는 실제로는 태어나고 죽는 존재가 아니다. 그런 것처럼 우리가 지금 실존하고 있다고 믿는 이 개체적 존재도 마찬가지로 꿈속에 드러난 하나의 환영 같은 것인데, 그 상태를 진짜라고 철석같이 믿고서 잘 먹고 잘 살려고 아등바등하며 고통을 받는다.

꿈이 펼쳐지면 하나의 생생하고 실감나는 세상이 나타나고, 그 안에는 반드시 나라고 주장하는 존재가 있다. 나라고 주장하는 존재를 제외하고는 다 너다. 이 메커니즘이 굉장히 묘한 것이다. 나라고 생각하는 이 존재는 꿈속에서 펼쳐지는 내용이 복권에 당첨되는 것이라면 신이 나서 좋아하다가 반대로 빚쟁이가 쫓아오면 도망을 간다. 그러나 꿈속에서 나라고 하는 인물은 꿈꾸는 의식이 펼쳐 놓은 허상일 뿐이다.

우리가 살고 있는 이 세상은 바로 절대가 꾸고 있는 꿈이다. 그런데 이것을 꿈이라고는 전혀 상상할 수가 없다. 지금 의식이 완벽하게 꿈속에 들어 있기 때문에 이것이 꿈이라는 것을 알아차릴 수가 없다. 그런데 꿈을 깨고 나면 꿈속의 그 허깨비를 나라고 착각하고 고통받으며 살았다는 것을 알게 된다. 이 삶에서 벌어지는 모든 것들은 진짜가 아니다. 좋은 일도 진짜가 아니고 나쁜 일도 진짜가 아니다. 이 삶 자체가 의식 속에서 펼쳐지는 한바탕 꿈일 뿐이다.

이런 설명을 듣고 나면 처음부터 받아들이지 못하는 사람도 있고, 받아들여진 것 같지만 시간이 지나면서 다시 어려움에 부딪치는 사람도 있다. 의식이 에고에 단단히 묶여 있기 때문에 당연히 그럴 수밖에 없다. 우리가 명상을 하고 알아차림을 해야 하는 이유는 단 하나, 의식을 바꾸기 위해서다. 그것은 죽기보다 어려운 일이지만 불가능한 것은 아니다. 그러므로 몸과 마음이 나라는 착각에서 벗어나도록 의식이 늘 깨어 있어야 한다.

　석가모니 부처님은 자신이 속한 상대세계를 철저히 관찰해서 진실을 밝혀냈다. 그러니 우리도 이 세계의 실상을 그렇게 파헤쳐봐야 한다. 지금까지 잘못 전해진 것들을 바로잡고 바른 명상을 해야 한다. 눈에 보이는 이 몸은 진실한 내가 아니다. 일어나는 생각 하나, 감정 하나도 내가 일으킨 것이 아니라 연기 작용에 의해 생겨나고 사라진다. 세상은 이렇게 빈틈없이 연기 작용으로 한 치의 오차도 없이 펼쳐진다. 이렇게 전체를 통째로 보는 관점으로 모든 것을 알아차림 하는 것이 깨달음으로 가는 유일한 방법이다. 상대세계를 철저히 꿰뚫어보고 절대세계의 진실을 깨달아 그 둘이 다르지 않다는 사실을 체득해야 한다.

제8 의법출생분 依法出生分

: 진리로 거듭남

須菩提 於意云何 若人 滿三千大千世界七寶 以用布施
수보리 어의운하 약인 만삼천대천세계칠보 이용보시

是人 所得福德 寧爲多不 須菩提言 甚多世尊
시인 소득복덕 영위다부 수보리언 심다세존

何以故 是福德 卽非福德性 是故 如來說福德多 若復
하이고 시복덕 즉비복덕성 시고 여래설복덕다 약부

有人 於此經中 受持乃至四句偈等 爲他人說 其福勝彼
유인 어차경중 수지내지사구게등 위타인설 기복승피

何以故 須菩提 一切諸佛 及諸佛阿耨多羅三藐
하이고 수보리 일체제불 급제불아뇩다라삼먁

三菩提法 皆從此經出 須菩提 所謂佛法者 卽非佛法
삼보리법 개종차경출 수보리 소위불법자 즉비불법

"수보리야! 어찌 생각하느냐?

만약 어떤 사람이 삼천대천세계를 칠보로 가득 채워서 보시를 행한다면 이 사람이 받을 복덕이 얼마나 많겠느냐?"

수보리가 부처님께 말씀드렸다.

"매우 많습니다. 세존이시여!

왜냐하면 여래께서 말씀하시는 이 복덕은 곧 복덕의 본래 성질을 지니지 않기 때문입니다. 그렇기 때문에 여래께서는 복덕이 많다고 말씀하신 것입니다."

"만약 어떤 사람이 이 경을 받아 지녀서 다른 사람에게 사구게 중에 하나라도 설해 준다면 이 사람의 공덕은 삼천대천세계를 칠보로 가득 채워서 보시한 사람보다 더 큰 것이다. 왜냐하면 모든 부처님과 아뇩다라삼먁삼보리의 법이 이 경에서 나오기 때문이다.

수보리야! 이른바 불법이라고 하는 것은 곧 불법이 아니다."

【강설】금강경은 앞에서 설명을 하고 마지막에 가서는 '아니다'로 말을 맺는 구조다. 범부 중생들의 착각을 바로잡아 주기 위해 반복적으로 부정의 가르침을 펼치고 있다. 깨달음은 나의 본성을 찾는 것이

다. 그러므로 그것은 내면으로, 내 안으로 한없이 부정을 통해 수렴해 들어가야만 가능한 일이다. '이것도 아니야! 저것도 아니야! 아니야! 아니야!' 도무지 알 수가 없다. 이렇게 금강경의 논리처럼 계속 부정을 하면서 나가다 보면 드디어 극과 극이 만나게 된다. 그렇게 끝까지 가 보면 아무것도 없다. 그 마지막에 만나게 되는 것은 실체 없음, 즉 무자성(無自性)이다. 존재라는 것이 존재가 아니다. 그러할 때 마침내 본성인 참나를 깨달을 수 있게 된다. 안팎으로 의식의 극까지 가 본 사람들만이 극즉반(極則返)할 수 있다.

석가모니도 육 년 동안 갖가지 선정수행과 온갖 고행을 끝까지 해 보고 나서 그런 것이 완전한 깨달음이 아님을 확인하고는 마침내 보리수 밑으로 돌아왔다. 끝을 보지 않고 얼렁뚱땅 왔으면 보리수 밑에서 백 년을 앉아 있었어도 소용없었을 것이다. 그렇게 끝까지 가 보았기에 마지막에 있는 그대로 보는 위빠사나가 가능했던 것이다. 그리하여 드디어 '일체가 자성이 없어서 어떠한 주체도 없이 연기 작용에 의해 펼쳐질 뿐이다.'라는 '무아=연기'를 깨닫게 되었다.

끝까지 가 보지 않은 사람은 다시 돌아올 수가 없다. 아직 가야 할 곳이 남아 있기 때문이다. 그래서 무엇을 하든 끝까지 가 봐야 한다. 하다못해 사이비에 빠졌어도 끝장을 봐야 한다. 그러기 전에는 아무것도 제대로 할 수가 없다. 끝장을 본 사람만이 진짜를 만났을 때 그것이 가슴으로 온전히 들어올 수 있다. 제대로 된 진리를 만났는데도 '아, 이것도 가짜면 어떡하지?' 하는 정도의 의식 수준으로는 아무것도 안 된다. 정말 끝을 본 사람은 진짜를 만났을 때 그냥 가슴에서 곧바로 다이너마이트가 터져 버린다. 그런데 어설프게 한 사람은 무엇을 만나도 어설프다.

정말 철저하게 시행착오를 겪으며 정화되고 준비된 사람들이라야 이 금강경의 가르침을 받아들일 수 있다. 그랬을 때 진리가 가슴에서 터지는 것이다. 물에 젖은 장작은 아무리 불을 붙여 주어도 불이 붙지 않는다. 마찬가지로 궁극의 진리도 그것을 받아들일 수 있는 의식 상태가 되어야 깨달음이 가능하다. 무아나 연기를 말로만 하는 것은 다 소용없다. 자기 속에 있는 욕심이나 집착 같은 쓰레기 청소부터 먼저 해야 한다. 그것을 해결하지 않고 말로만 백날 떠들어 봐야 다 허튼소리다.

진리 공부는 세상 공부와는 전혀 다르다. 세상 공부는 하면 할수록 뭔가 점점 쌓이고, 세상을 살아가는 데도 도움이 된다. 그러나 무아 공부는 쌓는 것이 아니라 끊임없이 버리는 것이다. 버리고 버리다가 결국 나 자신조차도 버려야 하는 공부다. 버린다는 것은 아무 욕심 없이 살라는 단순한 이야기가 아니다. 버리는 것이 목적도 아니다. 버려야만 하는 이유는 쓰레기가 쌓여 있으면 진리가 들어갈 자리가 없기 때문이다. 잔뜩 움켜쥐고 있는 의식으로 이런 금강경의 진리 말씀을 이해하려는 것은 아무 의미가 없다.

진리 공부는 이론 공부가 아니라 체험이고 실천이며 체득이다. 작은 것부터 직접 경험하고 솔직하게 확인해 가는 것이다. 석가모니는 그렇게 했다. 엄청난 수행을 하여 삼매를 얻었을 때 스승이 깨달았다고 인가를 해 줘도, 뭔가 미흡하고 의심이 들어 궁극의 깨달음이 아니라고 판단되면 다 내려놓고 처음부터 다시 시작했다. 그것이 순수다. 이미 모든 것이 준비된 구도자라면 진리를 만나는 순간 바로 끝나겠지만, 그렇지 못한 경우라면 열심히 정화를 해야 한다. 어떠한 경우에도 자신을 속여서는 안 된다. 안팎의 모든 것을 다 자신의 공부로 승화시켜야 한다. 그것이 진정한 구도자의 자세다.

여래께서 말씀하시는 이 복덕은 곧 복덕의 본래 성질을 지니지 않기 때문입니다. 그렇기 때문에 여래께서는 복덕이 많다고 말씀하신 것입니다.

복덕은 복덕이 아니므로 복덕이라고 한다는 금강경 특유의 표현이 나온다. 복덕은 복덕이 아니다. 복덕은 복덕 자체의 본래 성질, 즉 실체성을 지니지 않는다. 절대인 무위의 차원에서는 많고 적고 하는 분별을 할 필요도 없지만 현상적으로는 복덕이 많다 적다 말할 수 있다. 앞의 7장을 염두에 두고 이해를 하자면 절대성에는 아뇩다라삼먁삼보리라는 법도 없고 여래가 설한 법도 없다. 부처님은 깨닫고 나서 45년 동안 열심히 설법을 하셨으나 깨달은 바도, 설한 바도 없다고 했다.

그렇다면 보시는 어떻게 실천을 해야 하는가? 보시 또한 마찬가지다. 현상적으로는 열심히 보시하더라도 내가 한다는 아상이 없이 해야 한다. 보시를 하지 말라는 것이 아니고, 보시하는 것이 별 의미 없다는 말도 아니다. 현상세계에서 행동을 하는 것은 대단히 중요한 일이다. 그러나 마음에 머무는 바 없이 하라는 것이다.

금강경은 지금 인간의 본능과 완전히 반대되는 주문을 하고 있다. 이것은 단순히 생색내지 말라거나, 준 것을 기억하지 말라는 뜻이 아니다. '무아=연기'는 인간의 타고난 본능을 완전히 거스르는 가르침이다. 금강경 내용 중 처음부터 끝까지 통틀어 단 하나의 단어를 뽑아내라면 바로 무아다. 금강경은 부처님이 말씀하신 이 무아의 가르침에 따라 보살의 길로 나아가야 한다는 것을 계속 반복해서 당부하고 있다.

만약 어떤 사람이 경을 받아 지녀서 다른 사람에게 사구게 중에 하나라도 설해 준다면 이 사람의 공덕은 삼천대천세계를 칠보로 가득 채워서 보시한 사람보다 더 큰 것이다. 왜냐하면 모든 부처님과 아뇩다라삼먁삼보리의 법이 이 경에서 나오기 때문이다.

삼천대천세계를 칠보로 가득 채우는 그런 물질적인 보시의 공덕도 크지만 더욱 공덕이 큰 것은 바로 이 경을 배워서 다른 사람에게 사구게 중에 하나라도 알려 주는 것이다. 그런데 금강경은 단순히 법보시의 공덕이 재보시의 공덕보다 크다는 것을 말하는 데에 그치지 않는다. 촌철살인의 한마디가 마지막에 나오고 있다.

불법이라고 하는 것은 곧 불법이 아니다.

금강경은 진리조차도 부정하는 절대 부정의 가르침이다. 현상적으로 드러나는 것은 전부 실체가 없다. 혹시 하나라도 실체가 있지 않을까? 아니다. 없다. 하나라도 실체가 있다면 그것이 절대자가 되고 창조주가 되는 것이다. 기독교뿐만 아니라 거의 모든 종교가 절대성이라고 하는 것을 어떤 하나의 독립된 인격체라고 생각한다. 그러나 그런 것은 없다. 절대는 현상세계의 어떤 이름을 가지고, 혼자의 모습으로 어느 곳에 독립적으로 존재할 수 없다.

반야심경에 나오는 것처럼 오온은 실체가 없는 것이기 때문에 다 허공성이다. 허상이어서 실체가 없다고 하면 보통 부정적으로 생각한다. 그런데 허공성이기 때문에, 실체가 아니기 때문에 오히려 생멸이 없는 불생불멸이다. 불법이란 실체가 없으므로 불법이 아니다. 그러므로 그것이 더욱 진실한 불법이 될 수 있다. 그 어떤 것도 실체가 없으니, 그 어디에도 상을 만들어서 집착하지 마라. 모든 부처님과 아뇩다라삼먁삼보리는 그러한 불법(佛法)마저도 부정하는 데서 나온다. 완전한 부정으로 말미암지 않고는 거듭날 수 없다. 모든 상(相)을 내려놓고, 불법이라는 상(相)마저도 내려놓고 오직 진리로 거듭나라!

제9 일상무상분一相無相分

: 어떠한 상도 없음

須菩提 於意云何 須陀洹 能作是念 我得須陀洹果不
수보리 어의운하 수다원 능작시념 아득수다원과부

須菩提言 不也世尊 何以故 須陀洹 名爲入流
수보리언 불야세존 하이고 수다원 명위입류

而無所入 不入色聲香味觸法 是名須陀洹
이무소입 불입색성향미촉법 시명수다원

須菩提 於意云何 斯陀含 能作是念 我得斯陀含果不
수보리 어의운하 사다함 능작시념 아득사다함과부

須菩提言 不也世尊 何以故 斯陀含 名一往來 而實
수보리언 불야세존 하이고 사다함 명일왕래 이실

無往來 是名斯陀含 須菩提 於意云何 阿那含 能作
무왕래 시명사다함 수보리 어의운하 아나함 능작

是念 我得阿那含果不 須菩提言 不也世尊
시념 아득아나함과부 수보리언 불야세존

何以故 阿那含 名爲不來 而實無來 是故 名阿那含
하 이 고 아 나 함 명 위 불 래 이 실 무 래 시 고 명 아 나 함

須菩提 於意云何 阿羅漢 能作是念 我得阿羅漢道不
수 보 리 어 의 운 하 아 라 한 능 작 시 념 아 득 아 라 한 도 부

須菩提言 不也世尊 何以故 實無有法 名阿羅漢
수 보 리 언 불 야 세 존 하 이 고 실 무 유 법 명 아 라 한

世尊 若阿羅漢 作是念 我得阿羅漢道 卽爲著我
세 존 약 아 라 한 작 시 념 아 득 아 라 한 도 즉 위 착 아

人衆生壽者 世尊 佛說我得無諍三昧人中 最爲第一
인 중 생 수 자 세 존 불 설 아 득 무 쟁 삼 매 인 중 최 위 제 일

是第一離欲阿羅漢 我不作是念 我是離欲阿羅漢
시 제 일 이 욕 아 라 한 아 부 작 시 념 아 시 이 욕 아 라 한

世尊 我若作是念 我得阿羅漢道 世尊 則不說
세 존 아 약 작 시 념 아 득 아 라 한 도 세 존 즉 불 설

須菩提是樂阿蘭那行者 以須菩提實無所行 而名須菩提
수 보 리 시 요 아 란 나 행 자 이 수 보 리 실 무 소 행 이 명 수 보 리

是樂阿蘭那行
시 요 아 란 나 행

"수보리야! 어찌 생각하느냐?

수다원은 자신이 수다원의 경지를 얻었다는 생각을 할 수 있겠느냐?"

수보리가 부처님께 아뢰었다.

"그렇지 않습니다. 세존이시여!

왜냐하면 수다원은 미혹을 끊고 진리의 흐름에 들어간 사람의 뜻이지만 그는 어디에도 들어간 바가 없습니다. 형상에도 소리에도 냄새에도 맛에도 느낌에도 생각·감정에도 들어간 바가 없기 때문에 수다원이라고 부르는 것입니다."

"수보리야! 어찌 생각하느냐?

사다함은 자신이 사다함의 경지를 얻었다는 생각을 할 수 있겠느냐?"

"그렇지 않습니다. 세존이시여!

왜냐하면 사다함은 갔다가 되돌아와 다시 한 번만 태어나면 깨달음을 얻을 사람이라는 뜻이지만 사실은 갔다가 되돌아옴이란 없기 때문에 사다함이라고 부르는 것입니다."

"수보리야! 어찌 생각하느냐?

아나함은 자신이 아나함의 경지를 얻었다는 생각을 할 수 있겠느냐?"

"그렇지 않습니다. 세존이시여!

왜냐하면 아나함은 이제 다시 오지 않을 사람이라는 뜻이지만 실제로 다시 오지 않음이란 없기 때문에 아나함이라고 부르는 것입니다."

"수보리야! 어찌 생각하느냐?

아라한은 능히 자신이 아라한의 경지를 얻었다는 생각을 할 수 있겠느냐?"

"그렇지 않습니다. 세존이시여!

왜냐하면 실제로 아라한이라고 부를 수 있는 어떤 실체도 없기 때문입니다. 세존이시여, 만약 아라한이 '나는 아라한의 경지를 얻었다'고 생각하면 그는 아상·인상·중생상·수자상에 집착하는 것입니다."

"세존이시여! 부처님께서는 제가 다툼이 없는 고요한 무쟁삼매(無諍三昧)를 얻은 사람 중에 최고이며, 욕심을 떠난 제일의 아라한이라고 말씀하십니다. 그러나 저는 욕심을 떠난 아라한이라는 생각을 내지 않습니다.

세존이시여! 제가 만약 '나는 아라한의 경지를 얻었다'는 생각을 했다면, 세존께서는 수보리야말로 욕심을 떠난, 다툼 없는, 고요한 아란나행(阿蘭那行)을 즐기는 사람이라고 말씀하지 않으셨을 것입니다. 수보리는 실제로는 행하는 바가 없기 때문에 수보리는 이러한 아란나행(阿蘭那行)을 즐기는 사람이라고 이르신 것입니다."

【강설】 부처님 사후 몇 백 년이 지나자 가르침에 대한 견해가 갈리면

서 부처님 말씀에 대한 해석을 제각각 다르게 하는 여러 부류가 생겨났다. 그런 부파불교 시절을 거치면서 깨달음의 과정이 수다원, 사다함, 아나함, 아라한 이렇게 네 단계로 정리되었다. 대승불교 시대로 접어든 이후에는 성문, 연각, 보살, 불 등의 여러 단계가 또다시 만들어진다.

종교는 시간이 지나면 대부분 이렇게 변화되고, 심지어 왜곡되기도 한다. 불교 내에서도 석가모니 부처님께서 돌아가신 후의 시대를 불법(佛法)의 성쇠(盛衰)에 따라 정법(正法)·상법(像法)·말법(末法)의 삼시로 구분한다. 세 시기에 대한 구체적인 연한은 경전에 따라 오백 년, 팔백 년, 천 년, 오천 년, 심지어는 만 년까지 각기 다르게 서술되어 있는데, 아무튼 석가모니 부처님이 돌아가시고 나서도 부처님의 가르침의 본뜻이 제대로 전해지고 실천되는 시기는 정법(正法)시대라고 한다. 두 번째 시기는 상법(像法)시대라고 하는데, 가르침의 올바른 뜻과 수행은 사라지고 그 외양만 남는 시기를 가리킨다. 그 이후부터는 말법(末法)시대다. 이때부터는 불교가 쇠퇴하여 그 외양마저 소멸해 가는 시기다.

이 금강경이 쓰인 것은 부처님 사후 칠백여 년이 지난 이후다. 그동안 몇 백 년의 세월이 지나면서 맹신과 기복이 끼어들었고, 부처님 가르침에 대해 부질없는 관념적인 교리논쟁으로 인해 부처님 본래의 가르침은 변질되고 왜곡되어 버렸다. 그런 갈라질 대로 갈라지고 잘못된 부파불교를 대신해서 본래 부처님의 진리를 고스란히 되살려 낸 새로운 불교운동, 이것이 바로 보살들에 의한 대승불교 혁명이었고, 금강경은 그런 시대 상황 속에서 저술된 경전이다. 금강경은 기존의 왜곡된 불교의 잘못된 가르침에 대해서 하나하나 비판해 나간다.

아 · 인 · 중생 · 수자라는 것은 없다.
보살이 제도할 중생은 없다.
집착 없이 보시하라.
모든 것은 실체가 없다.
법에도 법아님에도 머물지 마라.
여래가 깨달음을 얻었느냐?
여래가 설한 법이 있느냐?
복덕은 복덕이 아니다.
불법은 불법이 아니다.

대승이 말하는 진짜 가르침은 바로 금강경 속에서 계속 이어지는 '무아=연기'의 가르침이다. 부처님의 깨달음인 '무아=연기'에 비추어 볼 때 부처님이 수다원 · 사다함 · 아나함 · 아라한 이런 말들을 하셨다고 볼 수 없다. 부처님이 결코 그런 것들을 깨달음의 단계라고 했을 리가 없다. 그런 것들은 현상세계에서 다양한 사람들이 모이고 수준이 제각각이다 보니 후대에 방편으로 단계를 만들고 교리로 체계화시킨 것이다.

"그런 단계에 연연해하지 마라. 만약 그렇게 되면 바로 상에 집착하는 것이다. 지금 자기가 수다원과, 사다함과, 아나함과를 얻었다고 생각한다면 그것은 상에 집착하고 있는 것이므로 그것은 수다원, 사다함, 아나함이 아니다. '나는 지금 아라한이다.'라고 생각하는 사람이 있다면 그는 아라한이 아니다." 금강경은 이제 그런 것들은 다 이름일 뿐 실체 없는 것이라고 벼락을 쳐서 결론을 지어 준다. 금강경은 깨달음이라는 것조차 부정하며 9장 말미에 수보리를 등장시켜 다시 한 번 그것을 강조한다.

세존이시여! 부처님께서는 제가 다툼이 없는 고요한 무쟁삼매(無諍三昧)를 얻은 사람 중에 최고이며, 욕심을 떠난 제일의 아라한이라고 말씀하십니다. 그러나 저는 욕심을 떠난 아라한이라는 생각을 내지 않습니다. 세존이시여! 제가 만약 '나는 아라한의 경지를 얻었다'는 생각을 했다면, 세존께서는 수보리야말로 욕심을 떠난, 다툼 없는, 고요한 아란나행(阿蘭那行)을 즐기는 사람이라고 말씀하지 않으셨을 것입니다. 수보리는 실제로는 행하는 바가 없기 때문에 수보리는 이러한 아란나행(阿蘭那行)을 즐기는 사람이라고 이르신 것입니다.

'아란나(阿蘭那)'는 '다툼이 없는', '한적한 곳'이라는 뜻의 산스크리트어 'aranya'의 음역이다. 만약 "나는 아라한이다, 그래서 나는 아무 집착이 없이 고요한 아란나행을 행한다."라는 생각을 조금이라도 하고 있었다면 부처님께서 그렇게 인정해 주지 않았을 것이라는 말이다. 그런 것에 대한 일체의 생각과 집착이 없기 때문에 단지 이름을 그렇게 불러 준다는 뜻이다.

수행을 하다가 어떤 대단한 체험을 하고 나서 "나는 드디어 깨달았다!" 하면서 다른 사람들에게 행세하려는 사람이 있다면 진짜로 깨달은 것이 아니다. 실제로 깨달은 스승들은 '내가 깨달았다'는 생각조차 없다. 이것은 겸손하거나 내숭 떠는 것이 아니다. 깨달음 자체가 나라고 할 만한 것이 본래 없음을 깨달은 것이기 때문에 깨달은 나라는 것은 있을 수 없다. 이것은 일반인들은 물론 구도자들에게도 도저히 무슨 말인지 잘 이해가 안 되는 대목이다. 깨달음은 드러났는데 깨달은 사람이 없다니?

일반적인 상식으로는 말이 안 된다. 깨달았다고 하면 깨달은 사람이 있어야 할 것이다. 그런데 깨달음이 드러났는데 그 깨달음이 드러난 주체가 없다는 것이 진리이자 진실이다. 그러니 무아를 머리로 이해하려고 해서는 안 된다. 나라고 하는 존재성이 완전히 녹아서 사라져야 한다. 그러면 어떠한 상태, 어떠한 경우에도 몸과 마음이 나라는 착각이 없다. 그러니 깨달음은 내가 깨닫는 것이 아니라 저절로 드러나는 것이고, 이 우주현상세계도 참나인 절대가 저절로 쭉 펼쳐 내고 또 저절로 거두어들이는 것일 뿐이다. 씨줄과 날줄이 서로 엮이면서 연기(緣起) 법칙으로 시간과 공간의 흐름에 따라 저절로!

좋은 생각이든 나쁜 생각이든, 기쁜 일이든 슬픈 일이든 일어나는 것은 저절로 일어나는 것이다. 더 정확하게 말하면, 이 우주 전체가 하나로 엮여서 연기 법칙에 의해 서로 간에 주거니 받거니 하면서 저절로 펼쳐지는데, 현상세계가 상대세계이다 보니까 어느 때는 이런 모습으로 어느 때는 저런 모습으로 다양하게 드러나는 것이다. 현상세계에는 그 어떤 것에도 변함없이 홀로 분리된, 실체이자 주체로서의 '나'라는 것이 끼어들 자리가 없다.

이것이 부처님이 깨달은 '무아=연기'다.

제10 장엄정토분 莊嚴淨土分

: 집착 없이 정토를 장엄함

佛告須菩提 於意云何 如來昔在然燈佛所 於法有所得不

불고수보리 어의운하 여래석재연등불소 어법유소득부

不也世尊 如來在然燈佛所 於法實無所得

불야세존 여래재연등불소 어법실무소득

須菩提 於意云何 菩薩莊嚴佛土不 不也世尊

수보리 어의운하 보살장엄불토부 불야세존

何以故 莊嚴佛土者 則非莊嚴 是名莊嚴

하이고 장엄불토자 즉비장엄 시명장엄

是故 須菩提 諸菩薩摩訶薩 應如是生淸淨心

시고 수보리 제보살마하살 응여시생청정심

不應住色生心 不應住聲香味觸法生心 應無所住 而生其心

불응주색생심 불응주성향미촉법생심 응무소주 이생기심

須菩提 譬如有人 身如須彌山王 於意云何 是身爲大不

수보리 비여유인 신여수미산왕 어의운하 시신위대부

須菩提言 甚大世尊 何以故 佛說非身 是名大身
수 보 리 언 심 대 세 존 하 이 고 불 설 비 신 시 명 대 신

부처님께서 수보리에게 말씀하셨다.

"수보리야! 네 생각은 어떠한가?

옛적에 여래가 연등부처님 처소에서 얻은 법이 있다고 생각하느냐?"

"아닙니다. 세존이시여!

여래께서는 연등부처님 계신 곳에서 얻으신 법이 실로 아무것도 없습니다."

"수보리야! 어떻게 생각하느냐?

보살이 불토를 장엄하느냐?"

"아닙니다. 세존이시여!

왜냐하면 불토를 장엄한다는 것은 장엄함이 아니며 장엄한다고 이름하기 때문입니다."

"그러므로 수보리야!

모든 보살은 응당 이와 같이 맑고 깨끗한 마음을 내야 한다. 응당 형색에 머물지 않고 마음을 내야 한다. 마땅히 소리, 냄새, 맛, 느낌, 생각 · 감

정에 머물지 아니하고 마음을 내야 한다. 모름지기 집착함이 없이 마음을 내야 한다."

"수보리야! 비유하건대 어떤 사람의 몸이 수미산만 하다면 그 몸이 크다고 말할 수 있겠느냐?"

수보리가 부처님께 말씀드렸다.
"매우 큽니다. 세존이시여!
왜냐하면 부처님께서 말씀하신 수미산 같은 큰 몸은 실체로서의 몸이 아니며 큰 몸이라고 이름할 뿐입니다."

【강설】석가모니 부처님이 과거세에 구도자로서 보살행을 할 적에 연등불(然燈佛)에게서 얻은 법이 있느냐고 수보리에게 묻는 장면이 나온다. 불교경전에는 '자타카(jataka)', 즉 '본생담'이라는 설화집에 석가모니의 전생 이야기가 수백 가지나 나온다. 우리 식으로 말하자면 전설 따라 삼천리다. 석가모니 사후에 몇 백 년이 지나는 동안 불교가 변질되고, 이웃 종교인 자이나교나 힌두교와 영향을 주고받으면서 불교에 윤회사상이 자리 잡게 된다. 불교에서도 윤회를 진리로 받아들이다 보니 부처님이 전생에 어떻게 수행했을지에 대해서 머리 좋은

이야기꾼들이 온갖 설화를 만들어 내게 된다. 금강경 10장에 나오는 연등불과의 일화도 그런 전생 설화 가운데 한 장면이다.

설화에 따르면 어느 과거세에 석가모니가 선혜(善慧)라는 이름의 구도자 시절, 연등불이라 불리는 부처님이 계셨다. 어느 날 수행하고 있는 인근을 연등불이 지나간다는 소식을 듣고 선혜는 그곳으로 찾아갔다. 가서 보니 그 전날 비가 많이 와서 길 군데군데에 물웅덩이가 생겨나 있어서 연등불이 발을 더럽히지 않고는 그곳을 지나갈 수 없게 되어 있었다. 선혜는 물이 고여 있는 길바닥 위에 자신의 몸을 던져 연등불이 발을 더럽히지 않고 지나가도록 하였다. 그러한 수행공덕으로 인해서 선혜는 연등불로부터 내세에는 성불하여 석가모니라 불리게 될 것이라는 수기를 받았다고 한다.

그런데 여기서 잠시 스토리를 접어 두고 이성적으로 판단을 해 보자. 선혜가 길바닥에 엎드려서 자신의 몸을 밟고 지나가라고 했을 때, 연등불이 과연 실제로 선혜를 밟고 지나갔을지 잘 생각해 보라! 이것은 구도자의 진리를 향한 자세, 스승을 향한 자세가 어떠해야 하는지를 교훈적으로 가르쳐 주기 위해서 만들어 낸 설화이다. 이 정도로 간절하게 헌신을 해야 스승으로부터 가르침을 제대로 전수받을 수 있고, 성불할 수 있다는 방편으로서의 이야기이다.

"수보리야! 네 생각은 어떠한가? 옛적에 여래가 연등부처님 처소에서 얻은 법이 있다고 생각하느냐?"

"아닙니다. 세존이시여! 여래께서는 연등부처님 계신 곳에서 얻으신 법이 실로 아무것도 없습니다."

금강경을 쓴 저자는 모든 것들은 실체가 아니라는 것을 강하게 피력하고 있다. 심지어 깨달음, 진리, 법(法)조차도 부정하고 있다. 금강경 10장의 석가모니와 수보리의 문답은 연등불의 수기가 사실이냐 설화냐 하는 그런 차원의 가르침이 아니다. 어법(於法) 실무소득(實無所得), 즉 깨달을 그 어떤 법이 실제로는 없다는 것이니 금강경의 가르침은 제대로 알고 보면 실로 무서운 가르침이다.

"수보리야 어떻게 생각하느냐? 보살이 불토를 장엄하느냐?"
"아닙니다. 세존이시여!"

불교에서 말하는 정토는 크게 세 가지로 나눌 수 있는데, 첫 번째는 죽은 뒤에 왕생한다는 극락정토다. 이것은 맹신자들이 부처님 잘 믿으면 죽은 뒤에 가게 된다는 사후정토다. 그러나 어디에도 그런 곳은 결단코 없다.

두 번째는 장엄정토다. 지금 살고 있는 이 세상을 정토로 만들겠다는 것이다. 그 뜻은 가상하고 좋으나 문제는 이 현실 세계를 결코 불국토로 만들 수 없다는 것이다. 이 세상은 상대세계이기 때문에 선과 악이 동시에 쌍으로 공존한다. 우리가 아무리 선(善)을 사랑하고 추구한다고 해도 선만 있고 악은 없는 그런 세상은 있을 수가 없다. 그런데 어떻게 세상을 불국토로 만들고 지상낙원을 만들 수 있겠는가? 그런 것이 허망하다는 것을 알지 못하기 때문에 가능하지도 않은 것을 붙잡고 헛수고들을 하는 것이다. 현상세계는 악이 판을 치는 사바세계고 불국토가 아니므로 이 세상을 불국토로 만들겠다고 하는 그 의지와 노력은 분명 가상하지만, 이것은 처음부터 불가능한 일이다.

마지막으로 본래정토가 있다. 본래 불국토이기에 이미 정토다. 이 우주현상계는 있는 그대로 진리고, 있는 그대로가 절대의 펼쳐짐이기 때문에 손댈 것이 하나도 없다. 이분법적인 분리의식 상태에서는 이 말이 도대체 무슨 소린지 도무지 이해가 안 될 것이다. 선과 악이 이렇게 뒤엉켜 있는데 이게 무슨 정토냐고 의문을 품을 수밖에 없다. 실상을 볼 수 있는 안목이 없으면 세상은 예토(穢土), 즉 더러운 땅이므로 살아생전에 열심히 공덕을 닦아서 사후에 예토를 떠나 극락정토에 왕생하거나 예토를 불국토로 만드는 원력을 세워서 열심히 보살행을 닦아야 할 것이다.

그러나 모든 것은 있는 그대로 진리라는 것만 정확하게 알면 정토와 예토가 따로 있다는 시비분별은 더 이상 있을 수 없다. 현상적으로는 선과 악이라는 개념만 있을 뿐이지 실제로 선과 악이 있는 것이 아니고, 그냥 이름과 개념으로만 사용된다. 선이든 악이든, 깨끗하든 더럽든 그 모든 것이 있는 그대로 통째로 절대 그 자체다. 절대성에서는 깨끗한 땅, 더러운 땅이 따로 있을 수가 없다. 본래 깨끗한 것을 자기가 깨끗하게 만들겠다고 나서는 것은 착각이다. 그 착각을 부숴야 한다. 세상을 위해서 헌신적으로 좋은 일을 하는 것은 훌륭한 행위이지만 실상을 제대로 알고서 해야 한다.

"불토를 장엄한다는 것은 장엄함이 아니며 장엄한다고 이름하기 때문입니다."

현상세계에서 깨달음의 과정은 3단계를 거쳐서 간다. 첫 번째 단계는 안이비설신의(眼耳鼻舌身意)라고 하는 육근(六根), 즉 사람의 여섯 가지 감각기관을 통해서 인식되는 모든 현상을 100% 실체라고 믿는 단계이다. 인식되기 때문에 그대로 실체라고 믿을 수밖에 없다. 중국 송나라의 유신(惟信, ?~1117) 선사는 이 단계를 '산시산(山是山) 수시수(水是水)' 즉, '산은 산이요 물은 물이다'라고 하였다. 그런데 있는 그대로 모든 것의 근원을 탐구해 들어가다 보면 모든 것에 실체가 없음을 보게 된다.

"물질현상에는 실체가 없다. 실체가 없기 때문에 물질현상으로 드러난다."는 반야심경의 색즉시공 공즉시색(色卽是空 空卽是色)도 진리공부의 3단계를 말하고 있다. 색즉시공(色卽是空)에서 색(色)이라는 것은 물질현상을 말하는데, 알아차림을 통해서 색(色)이라는 것의 그 뿌리를 보면 실체도 없고 주체도 없다는 것을 알게 된다. 예전에는 산이라는 것을 실체로서의 산이라고 알았었는데 다시 제대로 관조해 보니 그것은 고정된 산이 아니고 시시각각 변하는 산이며, 실체가 없는 산이다. 산은 산이 아닌 것이다.

'산은 산이 아니고 물은 물이 아니다'라는 두 번째 단계는 금강경의 즉비(則非)에 해당하는 부정의 단계로 구도자의 공부 과정에서 우선적으로 터득되어야 하는 중요한 단계다. 그런데 그 관문을 통과한다고 해서 다 끝난 것이 아니다. 부정만 해 버리면 다음에 따라오는 것은 허무감뿐이다. 두 번째인 즉비(則非)의 부정 단계에서 공부가 끝나면 '이것이 내가 아니라고? 그러면 나는 왜 살아야 하지?' 하면서 그야말로 허무로 끝나게 된다.

즉비(則非)의 두 번째 단계에서 시명(是名)의 세 번째 단계로의 대반전이 필요하다. 한 바퀴를 돌아 제자리에 와서 보면 산은 산이고 물은 물이다. 첫 번째 단계에서도 산은 산이고 물은 물이었고, 나는 나고 너는 너였다. 그런데 한 바퀴 돌아와서 보니까, 이 산은 진짜 산이 아니고 이름이 산이다. 나는 진짜 내가 아니고 이름이 나다. 그것들이 실체가 아니기 때문에 산이라고 이름 붙여 부를 수 있고, 물이라고 이름 붙여 부를 수 있다. 실체가 아니기 때문에 이쪽을 나라고 할 수 있고, 저쪽을 너라고 할 수 있다. 이것이 금강경의 시명(是名)이다.

만약 어떤 것이 실체라면 그것을 산이라고 이름 붙이고 물이라고 이름 붙일 수가 없다. 하나뿐인 전체성으로서의 실체인 절대에다 어떻게 이름을 붙인단 말인가? 이름을 붙이는 순간 그것은 상대성인 상(相)이 된다. 부처는 그 이름이 부처고, 중생은 그 이름이 중생이고,

장엄은 그 이름이 장엄일 뿐이다. 실체가 아니기 때문에 그렇게 이름을 지어 부를 수 있다. 드러난 현상에 따라서, 생김새에 따라서, 하는 역할이나 기능에 따라서 개념적으로 이름을 붙여서 그때그때 적절하게 사용하는 것이다. 산은 산이요, 물은 물이다!

　인식되는 이 현상세계의 모든 것은 그냥 절대의 드러남이고, 절대의 드러남은 통째로 진리 그 자체다. 그 안에 들어 있는 개체성이라는 것은 하나의 독립된 실체가 아니라 단지 이름 붙여진 상대성으로서의 개념적 허상이다. 본래성품인 절대는 부분이 될 수 없다. 절대라는 것은 분리될 수 없다. 본래 하나인 절대가 자신을 인식하기 위해서 어쩔 수 없이 상대성으로, 즉 인식자와 인식 대상으로 나누어져 펼쳐지더라도 실제로 나누어지는 것이 아니다.

　왜 실제로 나누어지는 것이 아닌가? 일원성인 절대는 결코 나누어질 수 없기 때문이다. 그러면 우리 눈에는 왜 나누어진 것처럼 보이는 것일까? 인식하기 위해서 상대성으로 나누어진 것처럼 보이는 것이지, 진짜로 나누어진 것이 아니다. 그러므로 마지막 세 번째 단계에 와서 완전한 깨달음이 드러나면, 산을 산이라 부르고 물을 물이라 부르는 것은 단지 현상적으로 필요에 따라서 이름 부르는 것일 뿐임을 알게 된다.

　이름 지어진 것은 실체도 주체도 아니다. 이름 지어진 것은 개념일 뿐이기 때문에 언제든지 바뀔 수 있다. 이 세상에 변하지 않는 것은 없다. 이런 이야기를 하면 "산은 수천 년 동안 안 변하던데요?"라고 항변하는 사람도 있다. 자기가 살아 있는 동안에 변하지 않는 것처럼 보이면 불변하는 줄로 아는 것이다. 요즘은 그래도 과학이 발달해서 설명하고 이해시키는 것이 예전에 비해 수월한 편이다. 한 가지 실례로 히말라야 산꼭대기에서 발견된 조개화석을 들 수 있다. 옛날에는 히말라야가 바다였는데 지질운동에 의해서 바다속 깊은 바닥이 히말라야로 솟아오르고, 반대로 산이었던 곳이 바다로 가라앉은 것이다. 산과 바다가 서로 바뀌어 버렸다. 현상세계의 모든 것들은 영원불변한 실체가 아니다. 따라서 가지가지로 명명된 이름들도 그때그때 필요에 의해서 붙여진 임시적인 것이다.

장엄(莊嚴) 즉비장엄(則非莊嚴) 시명장엄(是名莊嚴), 장엄이라고 하는 것은 장엄이 아니고 그 이름이 장엄이다. 이것은 장엄이라는 특정 단어나 개념에만 적용되는 것이 아니라 어디에나 적용되는 것이다. 이것을 부처에게 적용하면, 부처 즉비부처 시명부처다. 현상세계의 어떤 것도 여기에서 벗어날 수 없다.

不應住色生心(불응주색생심)

不應住聲香味觸法生心(불응주성향미촉법생심)

應無所住(응무소주)

而生其心(이생기심)

응당 형색에 머물지 않고 마음을 내야 한다.

마땅히 소리, 냄새, 맛, 느낌, 생각 · 감정에

머물지 아니하고 마음을 내야 한다.

모름지기 집착함이 없이 마음을 내야 한다.

이 사구게에는 중국 선종의 큰 스승이었던 육조 혜능(慧能, 638~713)
의 출가와 관련된 유명한 일화가 전해져 온다. 기록된 문헌마다 조금
씩 차이가 있어서 스토리가 일관되지는 않으나 대략 다음과 같다.

혜능은 가난한 산골에서 홀어머니를 모시고 나무를 팔아 사는 일자
무식의 노총각이었다. 하루는 장터에서 돌아오는 길에 어떤 사람의
경전 읊는 소리가 문득 마음에 와 닿았다. 그 사람에게 읽고 있는 경
이 무엇인지 물었다. 그 경은 금강경이며 멀리 기주 황매현의 동산에
서 홍인대사라는 분이 금강경을 강론하고 있다는 소식도 함께 전해
들었다. 이윽고 혜능은 스승을 찾아 간절한 마음으로 머나 먼 길을 떠
나게 되었다. 이것이 진짜 구도자다. 순수한 구도자라면 길을 걷다가
진리 말씀 한 구절이라도 귓전에 스치는 순간, 그 말씀을 거부할 수
없는 것이다. 그때 혜능이 들었던 구절, 훗날 중국 선불교의 기둥인
혜능을 태어나게 한 구절이 바로 이 금강경 두 번째 사구게의 "모름지
기 집착함이 없이 마음을 내야 한다."였다.

세상사 온갖 고통의 뿌리는 이 몸과 마음이 진짜 나이고, 이 세상이
실제로 존재한다는 잘못된 믿음에 대한 집착이다. 누구든지 개체로

서의 이 몸과 마음이 진짜 나고, 이 나라는 것은 몇 년도에 태어났고, 앞으로 몇 십 년을 더 살다가 결국에는 죽을 것이라고 생각한다. 그리고 이 세상은 나와 상관없이 내가 태어나기 전부터 존재해 왔고, 내가 죽고 나서도 존재할 것이라고 생각한다.

약 45억 년 전에 지구가 생겨난 이래, 36억 년 전 무렵부터 출현한 생명체가 진화에 진화를 거듭하다가, 대략 200만 년 전부터 인간이라는 종이 등장했다고 한다. 그런데 인간은 다른 동물들과 달리 타자와 구분되는 명백한 자아상을 갖는다. 그런 인간에게 "네가 너라고 생각하는 너는 진짜 너 자신이 아니다. 네가 진짜 삶이라고 생각하며 사는 이 삶은 진짜가 아니다."라고 말한다면 어느 누가 감히 이 말을 진실로 받아들이겠는가? 200만 년을 거쳐 오면서 강력하게 박혀 있는 이러한 착각된 생각을 바로잡는다고 하는 것은 정말이지 죽기보다도 더 어려운 일이다. 그러나 고통과 집착으로부터 해방되어 대자유를 누리기 위해서는 반드시 "이 몸과 마음은 내가 아니다. 눈에 보이는 것, 인식되는 것은 실체가 아니다."라는 즉비(則非), 즉 부정의 단계를 거쳐야 된다.

산은 산이 아니고 물은 물이 아니라는 두 번째 즉비(則非)의 단계를 진정으로 통과하게 되면 부정으로만 끝나지 않는다. '아니다'라는 부정에서 반전되어 대긍정이 나오게 된다. 그러나 부정으로만 끝나면 그야말로 삶이 무의미하다는 부정적인 결론만 나오게 된다. 이러한 부정의 단계에만 머물러 있는 사람들은 대긍정을 결코 알지 못한다.

안타깝게도 불교나 이른바 영성을 추구하는 곳에서 이야기하는 깨달음이 대부분 시비분별을 끊는 두 번째 단계의 삼매체험인 경우가 많다. 시비분별은 생각에서 일어난다. 그래서 대부분 좌선을 하면서 시비 분별하는 생각을 끊으려고 한다. 그러다가 간혹 생각이 끊어져서 일체가 텅 빈 상태를 체험하면 그것을 깨달음의 상태라고 착각한다. 화두를 들거나 명상을 하다가 모든 생각이 끊어진 상태에서 의식만 또렷이 있고, 자신의 몸과 마음도 감지가 안 되면, 그런 몰입된 상태를 무아의 상태라고 착각한다. 그 상태는 너무너무 편하다. 현상적인 시비분별이 없으니 당연히 편할 수밖에 없다. 그래서 대부분의 구도자들이 그 상태가 되려고 애쓴다. 명상하다가 그런 삼매 상태에 들어가면 그날은 명상이 아주 잘되었다고 좋아하고, 잡념이 많고 집중이 되지 않은 날은 실망을 한다.

이 몸과 마음이 나이고, 이 나라는 것이 자유의지를 가지고 주체적으로 생각하고 말하고 행동한다는 개체 의식은 너무도 강력하기 때문에 먼저 의식의 정화가 어느 정도 이루어져야 한다. 그래야 진리가 들어갈 수 있는 여지가 생긴다. 세상에 대한 욕심과 집착을 내려놓지 못하고 무아를 깨닫겠다고 하는 것은 어불성설이다. 있는 그대로의 실상에서는 본래 무아이기 때문에 시비분별을 하고 있어도 실제로는 내가 시비분별을 하고 있는 것이 아니다. 다만 아직 그것을 깨닫지 못했기 때문에 방편으로라도 시비분별을 끊어 내야 한다. 시비분별을 하지 않으려고 열심히 노력해야 한다. 연못이 부유물로 가득하면 물속을 볼 수 없듯이 의식이 온갖 욕심과 집착, 시비분별로 가득하면 있는 그대로 알아차릴 수 없다. 그래서 방편으로 정화가 필요한 것이다.

'정화를 해야 한다'는 말과 '모든 것은 연기 법칙으로 저절로 펼쳐지니 아무것도 할 일이 없다'는 말을 준비가 안 된 사람들이 뒤섞어서 들으면 안 된다. 스승이 대긍정의 '산은 산이요 물은 물이다'를 말할 때는 항상 분리가 없는 절대의 입장에서 이야기하는 것이지, 분리된 미혹 속의 개체적 관점에서 말하는 것이 아니다.

개체의 입장에서 듣다 보면 결국 "깨달을 내가 없다고요? 그럼 누가 정화를 하고, 누가 에고를 없앤다고 목숨을 걸죠?"라는 식으로 생각이 개체의식 상태에 머물며, 개가 자기 꼬리를 물려고 헛되이 뱅뱅 돌듯, 의혹에 의혹만 더하게 된다. 다만 정화는 방편이지 목적이 될 수 없다는 것은 명확히 알고 해야 한다. 세상에서 벌어지는 모든 현상은 통째로 참나인 절대의 드러남이다. 수행의 과정에서 시비분별을 안 하려고 하고, 생각을 끊어 내려고 하는 것은 방편일 뿐이다. 그것을 방편이 아닌 목적으로 하는 것은 그만두어야 한다.

끊임없이 일어나는 시비분별은 내가 일으키는 것이 아니다. 시비분별조차 개체인 내가 하는 것이 아니라 연기 법칙에 의해서 저절로 일어난다는 것이 스스로의 가슴에서 확인되어 최종적으로 무아를 철저히 체득해야 한다. 무아라는 것은 나라는 것이 본래 없다는 것이다. 깨닫지 못한 사람들이 범하는 착각 가운데 가장 심각한 것은 깨달은 사람은 무아를 체득했기 때문에 항상 무아의 상태에 있고, 자기들은 아직 깨닫지 못했기 때문에 무아의 상태가 아닌 에고, 즉 개아(個我)의 상태에 있다고 믿는 것이다. 무아는 나라는 것은 본래 없다는 뜻이기 때문에 그 말을 그대로 받아들인다면 깨닫지 못한 사람에게도 에고라는 것은 본래 없는 것이다. 현상적으로 깨달으나 못 깨달으나 전체가 통째로 본래 무아다.

깨달은 사람도 생각과 말과 행위 없이는 살 수 없다. 어떤 생각과 말과 행위가 일어나든지 그것을 내가 했다거나 네가 했다는 착각만 하지 않고 있는 그대로 바라보면 그것으로 충분하다. 바라만 보는 것으로 모든 문제가 해결된다. 해결이 안 될 것 같은 걱정이 든다면 실제로 해 보지 않았기 때문이다. 근본적인 해결책은 연기적으로 저절로 맞물려 돌아가는 이 안과 밖의 모든 것들을 있는 그대로 알아차리는 것이다.

다만 그 알아차림 하는 것조차도 내가 바라본다는 착각 없이 알아차림 해야 한다. 모든 것을 내려놓고 내가 했다거나 네가 했다는 착각 없이 그냥 알아차림만 하면 된다. 그런 착각만 없다면 개체적 자아가 붙을 자리가 없어진다. 현상세계에는 나라는 것은 존재할 수 없고, 실체라고 할 만한 것이 어디에도 없다. 모든 것들은 실체가 없으므로 시명(是名), 즉 그저 이름일 뿐이니 응무소주(應無所住) 이생기심(以生其心), 즉 머무는 바 없이 그 마음을 내라!

제11 무위복승분 無爲福勝分

: 함이 없는 복덕이 가장 뛰어남

須菩提 如恒河中所有沙數 如是沙等恒河 於意云何
수보리 여항하중소유사수 여시사등항하 어의운하

是諸恒河沙 寧爲多不 須菩提言 甚多世尊 但諸恒河
시제항하사 영위다부 수보리언 심다세존 단제항하

尙多無數 何況其沙 須菩提 我今實言告汝 若有善男子
상다무수 하황기사 수보리 아금실언고여 약유선남자

善女人 以七寶 滿爾所恒河沙數三千大千世界
선여인 이칠보 만이소항하사수삼천대천세계

以用布施 得福多不 須菩提言 甚多世尊 佛告須菩提
이용보시 득복다부 수보리언 심다세존 불고수보리

若善男子善女人 於此經中 乃至受持四句偈等
약선남자선여인 어차경중 내지수지사구게등

爲他人說 而此福德 勝前福德
위타인설 이차복덕 승전복덕

"수보리야! 갠지스강의 모래알 숫자만큼의 갠지스강들이 있다면 너는 어떻게 생각하느냐? 이 모든 갠지스강들의 모래는 얼마나 많겠느냐?"

수보리가 아뢰었다.
"참으로 많습니다. 세존이시여!
단지 그 모든 강들만 해도 헤아릴 수 없이 많을진대, 하물며 그 모든 강들의 모래알 숫자야 어찌 말할 나위가 있겠습니까?"

"수보리야! 나는 지금 진실된 말로 너에게 말한다. 만약 선남자 선여인이 일곱 가지 보배로써 저 모든 갠지스강들의 모래알 숫자만큼의 삼천대천세계를 가득 채워서 보시한다면 그 얻는 복덕이 많지 않겠느냐?"

수보리가 아뢰었다.
"참으로 많습니다. 세존이시여!"

부처님께서 수보리에게 말씀하셨다.
"만약 선남자 선여인이 이 경 속에 있는 사구게 하나라도 제대로 받아지녀서 다른 사람에게 설해 준다면 이 복덕은 앞의 복덕보다도 훨씬 뛰어나다."

【강설】 인도의 갠지스강 유역은 석가모니 부처님이 출가수행하고, 깨달음을 얻고, 전법 활동을 하셨던 곳이어서 그런지 금강경에서는 갠지즈강의 모래알 비유가 자주 나오는데, 이것이 잘 상상되지 않는 다면 여름에 백만 인파가 몰린다는 해운대 해수욕장을 떠올려 보자. 해운대 백사장에 어마어마한 모래알들이 있는데, 그 모래알 수만큼의 해운대가 또 있다면 그러니 그 모든 백사장들의 모래알 숫자는 또 얼마나 많겠는가?

금강경에는 이렇듯 상상력이 풍부한 인도인 특유의 화법이 자주 등장한다. 갠지스강의 모래알 수만큼이나 많은 갠지스강들이 있고, 그렇게 많은 갠지스강들의 모래알 수만큼이나 많은 삼천대천세계가 있는데, 진귀한 칠보로 그 모든 세계를 가득 채워 보시한다면 그 얻을 복덕이 얼마나 많겠냐는 것이다.

그런데 만약 어떤 구도자가 이 경 속에 있는 사구게 하나라도 가슴으로 받아들이고 그것을 잘 이해해서 다른 사람에게 설명해 준다면 이 법보시를 한 사람의 공덕이, 갠지스강의 모래알 수만큼의 갠지스강들에 있는 모든 모래알 수만큼이나 많은 삼천대천세계를 칠보로 가득 채워 보시한 사람이 얻게 될 복덕보다도 더 크다는 것이다. 우리는 바로 앞장에서 이것이 거짓이 아니라는 것을 육조 혜능을 통해 보았다. 혜능 스님은 금강경 한 구절 읽는 소리에 발심을 해서 선불교의 등불이 되었다.

세상에서 말하는 어떤 어마어마한 복덕도 이 진리 말씀 한 구절과는 상대가 안 된다. 세상의 어떤 어마어마한 복덕도 결국에는 언젠가 다 사라지고 없어진다. 그러나 이 진리 말씀 하나가 제대로 구도자의 가슴에 심어지면 이것은 불에도 타지 않고, 물에도 녹지 않고, 죽어도 사라지지 않는 영원불멸의 말씀으로 살아남는다. '사구게 하나라도 제대로 받아 지녀서'라는 표현은 글자 그대로 금강경 안의 사구게 하나만을 이야기하는 것이 아니다. 진리의 말씀 한 소절이라도 제대로 받아 지녀서 전하면 그보다 더 큰 복덕은 없다는 뜻이다. 진리의 말씀이 그만큼 소중하다는 의미다.

현대과학에서는 이 우주가 138억 년 전 빅뱅에 의해서 탄생했다고 한다. 그런데 깨달은 스승들은 우주는 탄생한 적이 없다고 한다. 탄생한 적이 없다는 것은 존재하지 않는다는 뜻이다. 왜 존재하지 않을까? 꿈이기 때문이다. 꿈은 실재가 아니다. 사람들은 지금 자기가 우주라는 시공간 속에 있고 우주와 자신은 실재하는 것이라고 착각한다. 태어났다든지, 시작됐다든지, 죽었다든지, 사라졌다는 말들은 실제로 존재한다는 전제하에서 가능한 표현들이다. 그러나 이 세상은 절대가 의식을 통해 펼쳐 내는 꿈이다. 꿈은 실재가 아니라 의식이 만들어 낸 하나의 허상이다. 지금까지 나라고 착각하고 있었던 이 존재는 꿈속에 투영된 존재일 뿐이다. 이 세상 그 어디에도 주체로서의 자아는 없다.

"내가 태어나면 세상도 존재하고 내가 죽으면 이 세상도 동시에 사라진다.”는 말도 한다. 그러나 ‘무아=연기’의 가르침은 이것마저도 철저하게 부순다. 현상세계 속에 실재하는 것은 아무것도 없다. 그렇다면 실재란 무엇인가? 실재는 우리가 생각할 수 있는 어떤 하나의 존재가 아니다. 실재는 꿈 전체를 펼쳐 내는 꿈꾸는 의식으로서 작용하지만 의식도 실재가 될 수는 없다. 의식으로서 작용하는 그런 실재에 절대라는 이름을 붙였을 뿐이다. 절대든 본래성품이든 참나든 명칭은 소통을 위한 말일 뿐이다.

실재인 절대는 의식을 통해서 이렇게 현상세계에 드러난다. 절대는 전체성으로서 작용을 하는 것이다. 그러므로 이 현상세계 안에서는 하느님이든 부처님이든 따로 독립적으로 존재할 수 있는 것은 없다. 어딘가에 창조자나 구세주라는 전지전능한 모습을 가진 특별한 존재가 따로 있을 거라는 발상은 절대의 성품인 유일성, 동시성, 전체성을 알지 못하는 인간의 무지한 분리의식 때문에 생겨난 것이다.

이 세상은 절대가 의식을 통해 펼쳐 낸 하나의 꿈이므로 현상세계에서 실재하는 것은 아무것도 없고 이 안에는 분리되거나 독립된 주체로서의 나라는 것도 있을 수 없다. 모든 문제는 이 몸과 마음이 나라는 착각에서 나온다. 구도자는 그럴 때마다 내면으로 방향을 돌려서 이 착각이 누구에게서 일어났는가를 물어야 한다. 진정한 구도자라면 이파리 따고 가지 자르는 어리석음을 되풀이하지 말고 모든 문제와 의문의 근본 뿌리로 들어가야 한다. 그리하여 이 몸과 마음이 나라고 생각했던 착각이 무너지면 참나의 실체가 드러난다. 거짓나의 실체가 밝혀졌으니 참나가 드러날 수밖에 없다.

현상세계 안에 함께 들어 있는 수십억만의 모습과 사건들은 통째로 하나인 참나, 즉 절대가 의식을 통해 드러내는 다양한 모습들이다. 모습은 수십억만으로 다양한데 여기에는 독립된 주체가 따로 있을 수 없기 때문에 전부 통째로 하나다. 그 모습들 하나하나가 따로따로 개별적인 실체들이라면 통째로 하나일 수가 없다. '무아=연기'를 깨닫는 순간 이 몸과 마음을 분리된 개체적인 나라고 생각했던 착각이 무너지면서 모든 것에는 주체가 없고 따라서 존재하는 모든 것들은 동시에 전체성임이 드러나게 된다. 이것이 무아 즉 참나, 무아 즉 절대의 대반전이다.

현상세계의 모든 것들은 끊임없이 생멸한다. 생한 것은 반드시 멸하게 되어 있다. 이것이 우주현상계의 법칙이다. 그렇게 생멸하는 것은 허상이 생멸하는 것이지 근원으로서의 전체성은 생멸하지 않는다. 무수한 생멸이 일어나는 것과 상관없이 모든 것을 투영시켜 놓은 절대 자체는 생한 적도 없고 멸한 적도 없다. 생하지도 않고 멸하지도 않는 불생불멸의 절대를 깨닫기 위해서는, 모든 존재에 대한 철저한 부정이 전제되어야 한다. 그렇게 되고 나서야 무아가 곧 참나인 절대임이 체득될 수 있다. 신이든 무엇이든 현상세계의 어떠한 존재라도 그것이 한 티끌만큼이라도 부정되지 않은 채 남아 있으면 진리는 체득될 수 없다.

깨달은 스승으로부터 "산은 산이요, 물은 물이다. 그냥 있는 그대로 진리다. 이 모든 것들은 다 절대의 펼쳐짐이다.”라는 진리 말씀을 들고 머리로 이해한다고 할지라도 그것은 지식의 문제일 뿐이다. 완전한 부정이 되지 않은 채로 한 티끌이라도 무언가가 남아 있는 것이 있다면 그것은 여전히 머리에 머무는 상태다. 그래서 우선 ‘산은 산이요, 물은 물이다.’라는 이 현상세계가 실재한다는 착각에서 벗어나 즉비(則非), 즉 ‘산은 산이 아니고, 물은 물이 아니다.’라고 철저하게 부정해야 하는 것이다. 공부 과정에서 두 번째 단계의 ‘산은 산이 아니고 물은 물이 아니다.’가 철저해야 다시 마지막 세 번째 단계인 있는 그대로의 ‘산은 산이요, 물은 물이다.’가 가능해진다. 즉비(則非)의 두 번째 부정의 단계에서 한 티끌만큼이라도 미진함이 남아 있는 한, 마지막의 ‘산은 산이요, 물은 물이다.’는 체득될 수 없다.

산은 산이 아니고 물은 물이 아니라는 존재의 허상성을 깨닫고 나면, 이때에는 이 허상이라는 것이 결국 통째로 절대의 드러남이기 때문에 비로소 실재가 된다. 허상이라는 것을 모르는 상태에서는 실재가 체득될 수 없다. 이 몸과 마음이 허상이라는 것을 철저하게 깨닫고 나서야 이 개체가 배제된 전체성으로서 모든 것들이 그대로 실재가 된다. 그랬을 때라야 “허상이 실재고, 실재가 허상이다.”라는 말이 비로소 소화가 되는 것이다.

두 번째 단계인 모든 것들이 철저히 부정됨이 없는 상태에서 “산은 산이요, 물은 물이다. 있는 그대로 진리다. 이 모든 것들은 다 절대의 펼쳐짐이다.”라는 말을 아무리 해 봐야 소용이 없다. “산은 산이요, 물은 물이다."라는 말들을 사람들이 쉽게 하는데, 철저한 부정 없이는 말 자체에 속는 것이다. 세 번째 단계에서 의식이 전체성에 서게 되면 내가 했다 네가 했다는 분별이 있을 수 없다. 그런 의식에서는 법보시를 하든, 온갖 보물로서 보시를 하든, 어떤 행위를 하든 그 자체로 영원한 복덕을 짓게 되는 것이다.

이 금강경의 벼락과도 같은 가르침을 알아들을 귀 있는 의식은 들어라! 이 말씀을 새겨듣고서 한 걸음, 한 걸음씩 실행에 옮긴다면 정말로 부서지지 않는 복덕을 지을 수 있다. 금강경은 착각된 현상적 삶의 구조물을 완전히 부수고 다시 세우는 결단을 제안한다. 현실세계의 모든 것들은 다 실체가 없다. 참나인 절대만이 실체요, 그것만이 무위복(無爲福), 즉 함이 없는 영원한 복이다. 부디 손댈 것 하나 없는 수승한 최상의 복된 삶을 누리게 되기를!

제12 존중정교분 尊重正教分

: 바른 가르침을 존중함

復次須菩提 隨說是經 乃至四句偈等 當知此處
부차 수보리 수설 시경 내지 사구 게등 당지 차처

一切世間天人阿修羅 皆應供養 如佛塔廟 何況有人
일체 세간 천 인 아수라 개응공양 여불탑묘 하황유인

盡能受持讀誦 須菩提 當知是人 成就最上第一希有
진능수지독송 수보리 당지시인 성취최상제일희유

之法 若是經典所在之處 則爲有佛若尊重弟子
지법 약시경전소재지처 즉위유불약존중제자

"또한 수보리야! 어디서든 이 경중에 사구게 하나라도 설하게 되면 마땅히 그곳에 일체 세간의 하늘 신과 인간과 아수라가 모두 응당 부처님의 탑묘에서와 같이 공양 올린다는 것을 알아야 한다."

"하물며 어떤 사람이 이 경을 능히 다 받아 지니고 독송함에 있어 서라!

수보리야! 마땅히 이 사람은 가장 높고 으뜸가는 희유한 법을 성취하게 될 것임을, 이 경이 있는 곳은 바로 부처님과 존경받는 그 제자들이 함께하는 곳임을 알아야 한다."

【강설】12장부터는 앞서 나온 내용들이 조금씩 변형되면서 반복되는데 이런 것이 금강경의 묘미이기도 하다. 다른 언어권의 사람들 입장에서 봤을 때는 다소 지루할 수도 있고, 장황하게 느껴지기도 하고, 이따금 허풍스럽기도 하지만 고대 인도인들 특유의 언어 표현 방식이다.

탑묘(塔廟)라는 것이 나오는데 이곳은 스투파(stupa)라고 해서 부처님의 사리를 안장한 묘를 뜻한다. 스투파를 조성해서 그 안에 부처님의 머리카락이나 치아, 유골 같은 것을 모셔 놓았다고 한다. 인도를 비롯한 동남아시아에는 이런 스투파가 수만 개가 있다. 인도에서는 특히 아소카 왕 시절에 이르러 수많은 불탑들이 조성되었다고 한다. 그러니 모든 스투파 안에 전부 부처님의 사리가 들어 있다는 것은 사실이 아니겠지만, 스투파가 세워져 있는 곳은 신성시되어 사람들로 하여금 부처님에 대한 존경과 불교에 대한 깊은 신심을 불러일으키는 유용한 방편이 되었다.

그런데 지금 금강경 12장의 내용인즉, 어디서든 이 경중에 사구게 하나만이라도 설한다면 그곳은 일체세간의 하늘 신과 인간과 아수라가 마치 부처님의 탑묘에서와 같이 공양을 올리는 곳이 될 것이며, 또한 금강경을 능히 다 받아지니 독송하는 사람은 가장 높고 으뜸가는 희유한 깨달음을 성취할 것이고, 금강경이 있는 곳은 바로 거룩한 부처님과 존경스런 제자들이 계시는 지극히 성스러운 곳이 될 것이라고 하니, 21세기에도 여전히 기복적이고 외형적인 신앙 형태를 고수하고 있는 대형 교회나 거대 사찰들과 비교해 볼 때 당시 이러한 금강경의 대승정신이 얼마나 혁명적인 보살운동이었는지 잘 알 수 있다.

진리를 찾는 구도자들은 대부분 교회나 사찰 같은 종교 단체를 시작으로 진리 말씀을 처음 접하는 경우가 많은데, 각 종교 단체마다 주장하는 내용이 다 제각각이다. 기독교는 기독교에서 가르치는 것만 진리고, 불교는 불교에서 가르치는 것만 진리고, 사이비 종교는 자기네 교주님이 가르치는 것만 진리라고 주장한다. 진리를 주장하는 사람들의 의식 수준이 제각각 다르기 때문이다. 모든 사람은 각기 현재의 의식 상태 그 이상도 그 이하도 아니다.

어린아이들을 보면 어린아이의 그 순진한 의식 상태, 딱 그만큼이다. 순진하고 착한 아이는 순진하고 착한 의식만큼 표현하고 그 외에 다른 것은 할 수가 없다. 이처럼 세상 공부를 하고 경험이 쌓이고, 여러 종교를 거치면서 많은 체험을 한 사람일지라도, 결국 그 사람이 알고 표현하고 느끼는 진리는 현재 그 사람의 의식 수준만큼이다. 그것을 결코 벗어날 수 없다. 종교라는 것이 어느 정도까지는 분명 필요하지만 의식이 성장하면 그것을 뛰어넘어야 한다. 그러나 지혜롭지 못하면 그 울타리에 갇혀 버린다. 종교뿐만 아니라 정치나 사상, 경제, 문화 등 모든 분야에서 기존의 틀에 안주하면 그것이 도리어 자신을 족쇄처럼 구속하게 된다.

석가모니가 깨닫고 설한 '무아=연기'는 태어날 때부터 가지고 온 선천적인 유전자의 틀, 세상을 살면서 환경과 교육을 통해서 만들어진 후천적인 틀, 이 모든 틀들을 전부 부숴 버려야 체득이 가능하다. 깨달음이라는 것은 어떤 틀이 있으면 애초에 시작조차 할 수 없다. 그 어떤 틀이나 편견, 고정관념, 이런 것들이 먼지 티끌만큼이라도 남아 있으면 바로 그것 때문에 장애가 된다.

깨달은 스승들 또한 처음에는 선천적·후천적 틀에 다 갇혀 있었다. 태어나면서부터든, 성장 과정에서든 그런 틀이 없는 사람은 이 세상에 아무도 없다. 현상세계의 법칙상 선천적 유전에 의한 틀과 후천적인 학습에 의한 틀이 누구에게나 다 있다. 그럼에도 불구하고 깨달은 사람들은 기존의 틀에 매이지 않고 순수함과 성실함과 그리고 부단한 열정으로 그 모든 장애물들을 극복하고, 온갖 틀들을 다 부수어서 기존의 자신의 한계들로부터 벗어났던 것이다. 한 티끌만큼의 틀이나 편견, 고정관념, 나라는 착각, 이런 것들이 조금도 남김없이 정화되어 소멸되었을 때, 그때서야 비로소 완전한 깨달음이 드러나게 된다.

신성하고 청정한 불국토가 어디 따로 있는 것이 아니라 금강경이 있는 곳, 금강경이 설해지는 곳, 금강경을 공부하는 사람들이 있는 곳, 그곳이 곧 깨달은 부처님이 계시고, 참된 진리가 설해지고, 성스러운 불제자가 머무는 자리라고 금강경은 말한다. 금강경이 저술된 지 오랜 세월이 지난 지금에 와서 읽어 봐도 숙연해지게 해 주는 말씀이 아닐 수 없다. 금강경은 그야말로 벼락을 때리듯이 기존에 우리를 얽어매어 놓았던 모든 고정관념과 틀들을 계속해서 하나하나 박살 내 주고 있다. 성취최상제일희유지법(成就最上第一希有之法), 그렇게 해서 드러나는 진리는 그 어떤 것과도 비교할 수 없이 높고 으뜸가는 희유한 법이다.

제13 여법수지분 如法受持分

: 진리에 맞게 받아 지님

爾時 須菩提白佛言 世尊 當何名此經 我等云何奉持
이시 수보리백불언 세존 당하명차경 아등운하봉지

佛告須菩提 是經名爲金剛般若波羅蜜 以是名字
불고수보리 시경명위금강반야바라밀 이시명자

汝當奉持 所以者何 須菩提 佛說般若波羅蜜
여당봉지 소이자하 수보리 불설반야바라밀

則非般若波羅蜜 須菩提 於意云何 如來有所說法不
즉비반야바라밀 수보리 어의운하 여래유소설법부

須菩提白佛言 世尊 如來無所說 須菩提 於意云何
수보리백불언 세존 여래무소설 수보리 어의운하

三千大千世界 所有微塵 是爲多不 須菩提言 甚多世尊
삼천대천세계 소유미진 시위다부 수보리언 심다세존

須菩提 諸微塵 如來說非微塵 是名微塵 如來說 世界
수보리 제미진 여래설비미진 시명미진 여래설 세계

非世界 是名世界 須菩提 於意云何 可以三十二相

비세계 시명세계 수보리 어의운하 가이삼십이상

見如來不 不也世尊 不可以三十二相 得見如來 何以故

견여래부 불야세존 불가이삼십이상 득견여래 하이고

如來說三十二相 卽是非相 是名三十二相 須菩提 若有

여래설삼십이상 즉시비상 시명삼십이상 수보리 약유

善男子善女人 以恒河沙等身命布施 若復有人於此經中

선남자선여인 이항하사등신명보시 약부유인어차경중

乃至受持四句偈等 爲他人說 其福甚多

내지수지사구게등 위타인설 기복심다

그때 수보리가 부처님께 여쭈었다.

"세존이시여! 이 경을 무엇이라고 이름해야 하며 어떻게 받들어 지녀야 합니까?"

부처님께서 수보리에게 이르셨다.

"이 경의 이름은 금강반야바라밀이니라. 이 이름으로 잘 받들어 지녀라.

왜냐하면 수보리야! 부처가 설하는 반야바라밀은 곧 반야바라밀이 아니기 때문이다.

수보리야! 어떻게 생각하느냐? 여래가 설한 진리가 과연 있느냐?"

수보리가 부처님에게 대답하였다.

"세존이시여! 여래께서는 진리를 설하신 바가 없으십니다."

"수보리야! 어떻게 생각하느냐? 삼천대천세계에 있는 미세한 먼지가 많다고 하겠느냐?"

수보리가 부처님에게 대답하였다.

"매우 많습니다. 세존이시여!"

"수보리야! 그 모든 미세한 먼지를 여래는 미세한 먼지가 아니라고 설하며 이것을 미세한 먼지라고 이름하는 것이다. 여래는 이 세계를 세계가 아니라고 설하며 이것을 세계라고 이름하는 것이다."

"수보리야! 어떻게 생각하느냐?
32상으로서 여래를 볼 수 있겠느냐?"

"아닙니다. 세존이시여!
32상으로 여래를 볼 수 없습니다. 왜냐하면 여래께서 말씀하신 32상은 곧 상이 아니며, 32상이라고 이름하기 때문입니다."

"수보리야! 만약 선남자 선여인이 갠지스강의 모래알 숫자만큼의 목숨

을 바쳐서 보시를 했다고 해도, 또 어떤 사람이 이 경 중에 사구게 하나만
이라도 받아 지녀서 다른 사람들에게 설해 준다면 이 복덕이 훨씬 더 많
으니라."

❖

【강설】13장은 갠지스강의 모래알을 다시 언급하며 사구게 하나만이
라도 가슴으로 받아들여 다른 사람에게 전해 주면 갠지스강의 모래알
수만큼의 목숨을 보시한 복덕보다 훨씬 더 가치가 있다고 선언한다.

  불교에서 가장 중요하게 여기는 것이 반야바라밀이다. 반야는 '통
찰지' 즉 '몸과 마음을 나라고 여기는 상이 없는 지혜'라는 뜻이다. 바
라밀은 '실제로 행해서 성취하다' 또는 '이 언덕에서 저 언덕으로 넘어
가다'는 뜻이므로 반야바라밀은 궁극의 완전한 깨달음인 무아를 체득
한다는 의미이다. 머리로만 아는 것이 아니라 궁극의 완전한 지혜로
써 몸과 마음이 나라는 착각을 완전히 떨쳐 버리고 무아를 가슴으로
체득해서 그대로 실천하여 삶 자체가 반야바라밀이 되어야 한다. 그
리고 그것은 미래에 따로 얻게 되는 어떤 무엇이 아니다. 깨달아서 알
든, 미혹해서 모르든 변함없는 우리 모두의 본성이 바로 완전한 지
혜 그 자체이다. 내가 갈고닦아서 무아가 되는 것이 아니라 본래 무아
다. 다만 금강경은 계속해서 벼락을 내리치며 그 실상을 모르는 사람
들에게 진실을 계속 들려주고 있는 것이다.

구도의 길을 가는 사람이라면 무아라는 이 엄청난 충격적인 가르침의 참뜻을 가슴으로 새기고 직접 실천해야 한다. 지혜는 머리로 이루는 것이 아니다. 삶 전체가 부처님의 가르침인 금강반야바라밀이 되어야 한다. 나라는 고정된 실체가 따로 있어서 내가 나의 자유의지로 삶을 사는 것이 아니라 연기된 현상, 즉 조건 지어져 펼쳐지는 삶만 있는 것이다.

아침에 눈을 떠서 저녁에 눈을 감는 모든 시간 동안 근본적인 의문을 품고 살아야 한다. "이 몸과 마음이 진짜 내가 아니라고 하는데, 그것이 정말인가?" 부처님이 말씀하셨고 경전에 나와 있다고 해서 그냥 믿고 따르는 것만으로는 안 된다. 눈에 보이고, 귀로 들리고, 이렇게 오감으로 인식되는 이 세계가 진실이 아니라는 것을 알려면 빈틈없는 관찰을 해야 한다. 이 몸과 마음이 나라는 착각 하나를 바로잡으면 세상은 본래부터 있는 그대로 진리다.

般若波羅蜜(반야바라밀) **則非般若波羅蜜**(즉비반야바라밀)

반야바라밀은 반야바라밀이 아니다.

특별한 것을 바라는 사람들은 깨달음을 신비하고 환상적인 어떤 것으로 생각한다. 아뇩다라삼먁삼보리는 어느 웅장하고 신성한 사원 안에 고이 모셔져 있는 신비한 무엇이 아니다. 금강경에서는 그런 환상들을 계속해서 두들겨 부수고 있다. 드디어 13장에 와서 금강반야바라밀경은 "반야바라밀은 반야바라밀이 아니다."라고 선언한다. 팔만대장경에서 가장 많은 비중을 차지하는 경전 부류가 금강경이 속해 있는 반야부(般若部)다. 금강경은 불교에서 가장 중요하게 여기고 비중 있게 다루는 그 반야바라밀마저도 미련 없이 완전히 부숴 버린다. 반야바라밀이라는 어떤 특정한 법이 있는 것이 아니다.

모든 것은 그냥 있는 그대로 진리 그 자체다. 이 몸과 마음이 나라는 착각에서 벗어나는 의식의 대전환이 있어야 모든 것이 있는 그대로 진리임을 알게 된다. 의식의 전환 없이 평소대로 부처님께서 말씀하신 반야바라밀을 글자 그대로 어떤 특별한 반야바라밀로 아는 의식은 보통의 '산은 산이고, 물은 물이다'의 첫 번째 의식 단계다. 그러면 반야바라밀이라는 것이 도대체 무엇인가? 반야바라밀은 반야바라밀이 아니다. 산은 산이 아니고, 물은 물이 아니다. 이 세상 모든 것은 진짜가 아니다. 부처님께서 말씀하신 반야바라밀 또한 반야바라밀이 아니다. 왜 반야바라밀이 아닌가? 반야바라밀이라고 하는 그 어떤 개별적인 실체가 없기 때문이다.

분명히 부처님이 금강경을 통해서 반야바라밀에 대해서 우리에게 가르침을 주고 계시는데 그 반야바라밀이라고 하는 것은 본래 어떤 실체가 없다는 것이다. 따라서 반야바라밀이 아니라고 부정한다. 반야바라밀은 반야바라밀이라고 하는 그 어떤 실체가 본래 없기 때문에 반야바라밀이 아니다. 두 번째 단계인 '산은 산이 아니고, 물은 물이 아니다'라는 부정의 단계를 거치기 전에는 반야바라밀은 진짜 반야바라밀이고, 나는 진짜 나고, 너는 진짜 너인 줄로 안다. 이 세상 모든 것들을 그 자체로 독립된 실체인 줄로 안다. 그러나 실체가 아니라는 부정의 단계를 거치고 나면, 그렇기 때문에 비로소 반야바라밀이라고 이름할 수 있는 것이다.

"이 경을 무엇이라고 이름해야 하며 어떻게 받들어 지녀야 합니까?"라는 수보리의 질문에 부처님께서 "이 경의 이름은 금강반야바라밀이니라. 이 이름으로 잘 받들어 지녀라."라고 대답하신 것은 시명(是名) 즉, 세 번째 단계의 '산은 산이고, 물은 물이다'를 말씀하신 것이지 첫 번째 단계의 '산은 산이고, 물은 물이다'를 말씀하신 것이 아니다.

微塵(미진) 非微塵(비미진) 是名微塵(시명미진)
世界(세계) 非世界(비세계) 是名世界(시명세계)

금강경이 쓰일 무렵 고대 인도의 우주관에서 바라본 가장 작은 존재인 미진(微塵)과 가장 큰 존재인 삼천대천세계에 대해서도 같은 말을 하고 있다. 미진이라고 하는 것과 세계라고 하는 것은 실체가 없기 때문에 그것은 본래 미진이 아니고 본래 세계가 아니다. 그렇지만 현상 세계에서 상대적으로 개념 지어져 인식되기 때문에 그냥 미진이라 부르고, 세계라고 이름 붙여 준다. 개념 지어져 인식된다고 해서 곧바로 그것을 실체라고 믿으면 안 된다.

올바른 명상을 통해서 그 실상을 들여다보면 모든 현상에는 실체가 없음을 알게 된다. 다만 인식 작용에 의해서 현상적으로 그렇게 인식되어 실제로 존재하는 것처럼 펼쳐져 보일 뿐이다. 그런데 사람들은 실체가 없이 생(生)했다 멸(滅)하는 현상을 마치 본래부터 존재해서 진짜 있는 것처럼 믿는다. 모든 것은 실체가 아니지만 현상적으로 그렇게 인식되기 때문에 이름을 붙여서 쓰는 것이다. 금강경의 가르침이라는 것도 가르침을 펴기는 하지만 이것도 실체가 아니다. 다만 설명하기 위해서 잠시 언어를 빌려다 개념으로 사용하는 것이다.

그렇다면 현상적으로 존재한다는 것과 실제로 존재한다는 것은 어떻게 다를까? 그것은 깨달음의 3단계, 다시 말해서 '산은 산이요 물은 물이다. 산은 산이 아니요 물은 물이 아니다. 산은 산이요 물은 물이다.'를 정확히 체득해야만 진실을 알 수 있다. 현상적으로 존재한다는 것은 현상적으로 드러났다는 것이다. 생(生)하는 과정이 없다면 존재하는 것이 아니다. 인식되기 위해서는 현상적으로 생(生)해야 한다. 그리고 생(生)한 것은 반드시 멸(滅)한다. 그것이 현상세계의 메커니즘인 쌍생쌍멸(雙生雙滅)이다. 생과 멸은 쌍(雙)으로 이루어졌다. 현상적 존재라는 것은 이렇게 생과 멸의 기간이 현상적 시간으로 길든 짧든 그 기간 동안에만 있다. 생 이전에도 없었고 멸 이후에도 없다. 이것이 현상적 존재의 정의다.

그러면 실재, 즉 실제적 존재란 무엇인가? 생 이전에도 있었고 멸 이후에도 있는 것이다. 그러니까 영원히 존재하는 것, 그 성질이 변하지 않는 것, 그것이 실제로 존재하는 실재다. 현상세계의 메커니즘에 따르면 영원히 변하지 않고 존재하려면 생해서는 안 된다. 생한 것은 하나도 예외 없이 반드시 멸하기 때문이다. 이것이 현상세계의 피할 수 없는 진리다. 그래서 현상세계에 이렇게 하나의 모습으로 발생한 모든 것은 허상이다. 나도 허상, 너도 허상, 석가모니도 허상이다. 현상적 존재는 크든 작든 하나도 예외 없이 통째로 다 허상이다. 허상이라는 것은 오감을 통해서 감각되어 인식되는 것만 말하는 것이 아니라, 표현할 수 있는 모든 것, 상상할 수 있는 모든 것, 일체 모든 것을 말한다. 모든 종교의 신들조차도 이름이 붙여져 인식되는 존재이므로 역시 허상이다.

영원하며 불변하는 실재, 절대, 참나는 생멸하는 어떤 특정한 하나의 현상으로 존재할 수 없다. 그런데 이 실재, 절대, 참나는 바로 전체성이기 때문에 드러난 현상 전체는 결국 실재와 하나라는 결론이 나온다. 이 드러난 현상들 하나하나를 봤을 때는 생멸하는 것들이기 때문에 주체적 자아가 없는 허상이지만, 전체성으로 통째로 봤을 때는 개별적 주체 없이 통째로 실재가 되는 것이다.

언제는 허상이라고 했다가 다시 실재라고 했다가 오락가락하는 것이 아니다. 관점이 다른 것이다. 특정한 현상 하나를 실재라고 착각하면 안 되고, 통째로 전체성을 봤을 때만 모든 것이 실재다. 그러면 모든 것이 본래 있는 그대로 실재인데 왜 이 개체인 몸과 마음을 자꾸 허상이라고 부정하는가? 세상 사람들이 이 현상적 존재인 개체적 몸과 마음을 하나의 독립된 주체라고 착각하고 있기 때문이다. 그 착각이 너무나 견고하기 때문에 철저히 부숴 주기 위해서 허상이라고 계속 벼락을 때리는 것이다.

전체적인 이런 메커니즘을 체득했을 때 하나의 분리된 개체적 자아라고 하는 것은 본래 따로 독립될 수도 없고, 독립된 적도 없고, 홀로 존재한 적도 없었다는 것을 깨닫게 된다. 그때는 개체성이라는 것 자체가 사라져 버리기 때문에 그냥 현상세계가 있는 그대로 절대의 펼쳐짐, 있는 그대로 실재가 되는 것이다. 그렇게 되면 실재와 허상이라는 이원적 개념이 무너지면서 그냥 하나다. 착각이 없는데 더 이상 허상이라고 말할 필요가 없다. 이 몸과 마음을 개체인 나라고 착각했을 때 허상인 것이지, 그 개체성이 무너져 버리면 그때는 통째로 있는 그대로 절대 그 자체가 된다.

물론 현상적으로는 끊임없이 생하고 멸하는 작용은 계속해서 펼쳐져 나간다. 이 몸과 마음이 허상이라는 것을 철저히 깨닫고 나서도 연기법으로서의 생멸 현상이 계속 이어져 나가는 것을 보는 것은 똑같다. 그러나 그때는 생멸 작용이 개체의 자유의지에 의해 주체적으로 펼쳐진다는 착각이 없다. 그때 비로소 이 현상세계 자체가 있는 그대로 실재라는 것을 알게 된다. 현상세계의 연기적 생멸은 똑같은데 그 안에 개별적 주체가 있다고 보면 착각인 허상인 것이고, 개별적인 주체 없이 통째로 하나인 절대가 자기 모습을 펼쳐 내고 있음을 알면 현상세계의 생멸 이대로가 실재라는 말이다. 산은 산이고, 물은 물이다!

제14 이상적멸분 離相寂滅分

: 모든 상을 떠난 적멸

爾時 須菩提 聞說是經 深解義趣 涕淚悲泣 而白佛言
이시 수보리 문설시경 심해의취 체루비읍 이백불언

希有世尊 佛說如是甚深經典 我從昔來所得慧眼
희유세존 불설여시심심경전 아종석래소득혜안

未曾得聞如是之經 世尊 若復有人 得聞是經 信心淸淨
미증득문여시지경 세존 약부유인 득문시경 신심청정

則生實相 當知是人 成就第一希有功德
즉생실상 당지시인 성취제일희유공덕

世尊 是實相者 則是非相 是故 如來說名實相
세존 시실상자 즉시비상 시고 여래설명실상

世尊 我今得聞如是經典 信解受持 不足爲難 若當來世
세존 아금득문여시경전 신해수지 부족위난 약당래세

後五百歲 其有衆生得聞是經 信解受持 是人則爲
후오백세 기유중생득문시경 신해수지 시인즉위

第一希有 何以故 此人 無我相 人相 衆生相 壽者相
제일희유 하이고 차인 무아상 인상 중생상 수자상

所以者何 我相卽是非相 人相衆生相壽者相 卽是非相
소이자하 아상즉시비상 인상중생상수자상 즉시비상

何以故 離一切諸相 則名諸佛
하이고 이일체제상 즉명제불

佛告須菩提 如是如是 若復有人 得聞是經 不驚不怖不畏
불고수보리 여시여시 약부유인 득문시경 불경불포불외

當知是人 甚爲希有 何以故 須菩提 如來說第一波羅蜜
당지시인 심위희유 하이고 수보리 여래설제일바라밀

非第一波羅蜜 是名第一波羅蜜
비제일바라밀 시명제일바라밀

須菩提 忍辱波羅蜜 如來說 非忍辱波羅蜜
수보리 인욕바라밀 여래설 비인욕바라밀

何以故 須菩提 如我昔爲歌利王 割截身體 我於爾時
하이고 수보리 여아석위가리왕 할절신체 아어이시

無我相 無人相 無衆生相 無壽者相 何以故 我於往昔
무아상 무인상 무중생상 무수자상 하이고 아어왕석

節節支解時 若有我相人相衆生相壽者相 應生瞋恨
절절지해시 약유아상인상중생상수자상 응생진한

須菩提 又念 過去於五百世 作忍辱仙人 於爾所世 無我相
수보리 우념 과거어오백세 작인욕선인 어이소세 무아상

無人相 無衆生相 無壽者相 是故 須菩提 菩薩 應離一切相
무인상 무중생상 무수자상 시고 수보리 보살 응리일체상

發阿耨多羅三藐三菩提心 不應住色生心 不應住聲香
발아뇩다라삼먁삼보리심 불응주색생심 불응주성향

味觸法生心 應生無所住心 若心有住 則爲非住
미촉법생심 응생무소주심 약심유주 즉위비주

是故 佛說菩薩 心不應住色布施 須菩提 菩薩 爲利益
시고 불설보살 심불응주색보시 수보리 보살 위이익

一切衆生 應如是布施 如來說 一切諸相 卽是非相 又說
일체중생 응여시보시 여래설 일체제상 즉시비상 우설

一切衆生 則非衆生 須菩提 如來是眞語者 實語者 如語者
일체중생 즉비중생 수보리 여래시진어자 실어자 여어자

不誑語者 不異語者 須菩提 如來所得法 此法無實無虛
불광어자 불이어자 수보리 여래소득법 차법무실무허

須菩提 若菩薩 心住於法 而行布施 如人入闇 則無所見
수보리 약보살 심주어법 이행보시 여인입암 즉무소견

若菩薩 心不住法 而行布施 如人有目 日光明照 見種種色
약보살 심부주법 이행보시 여인유목 일광명조 견종종색

須菩提 當來之世 若有善男子善女人 能於此經 受持讀誦
수보리 당래지세 약유선남자선여인 능어차경 수지독송

則爲如來 以佛智慧 悉知是人 悉見是人 皆得成就無量無邊功德
즉위여래 이불지혜 실지시인 실견시인 개득성취무량무변공덕

그때 수보리가 이 경을 설하심을 듣고 그 뜻이 가슴에 깊이 새겨져서 눈물을 흘리며 흐느껴 울면서 부처님께 말씀드렸다.

"참으로 희유한 일입니다. 세존이시여!

부처님께서 설하신 이와 같이 깊고 깊은 가르침의 말씀은 제가 예로부터 지금까지 얻은바 혜안으로는 들어 본 적이 없습니다.

세존이시여! 만약 어떤 사람이 이 경을 듣고 순수한 마음으로 믿으면 곧바로 실상을 깨달을 것입니다. 이런 사람은 최고의 희유한 공덕을 성취할 것임을 마땅히 알아야 할 것입니다.

세존이시여! 실상은 어떤 상이 아니므로 여래께서는 이름이 실상이라고 하십니다.

세존이시여! 제가 이와 같은 가르침을 듣고 믿어서 이해하고 받아 지니기에는 어려울 것이 없겠으나 만약 오백 년도 지난 먼 훗날에 어떤 중생이 이 경을 듣고 믿음을 내서 이해하고 받아 지닐 수 있다면, 이 사람이야말로 세상에서 가장 희유하다고 할 수 있을 것입니다. 왜냐하면 이 사람은 아상·인상·중생상·수자상이 없기 때문입니다. 그 까닭은 아상은 곧 상이 아니며 인상·중생상·수자상도 곧 상이 아니기 때문입니다. 왜 그런가 하면 일체의 모든 상을 떠나면 곧 부처라 이름하는 까닭입니다."

부처님께서 수보리에게 말씀하셨다.

"참으로 그렇도다. 어떤 사람이 이 경의 가르침을 듣고서 놀라지 않고,

무서워하지 않고, 두려워하지도 않는다면 마땅히 알아야 한다. 이 사람이야말로 대단히 희유한 사람이다. 왜냐하면 수보리야! 여래가 설하는 제일바라밀은 곧 제일바라밀이 아니기 때문에 제일바라밀이라고 이름하는 것이다.

수보리야! 여래는 인욕바라밀을 인욕바라밀이 아니라고 설한다. 왜냐하면 수보리야! 내가 옛적에 가리왕에게 몸을 베이고 찢겼으나 그때 나에게는 아상·인상·중생상·수자상이 없었다. 만약 내가 사지가 마디마디 찢길 때 아상·인상·중생상·수자상이 있었다면 마땅히 분노하고 원망하는 생각을 일으켰을 것이다.

수보리야! 또한 과거 오백 생 동안 인욕선인이었던 것을 기억하는데 그 세상에서도 아상이 없었고 인상·중생상·수자상이 없었느니라.

그러므로 수보리야! 보살은 마땅히 일체의 상을 떠나 아뇩다라삼먁삼보리의 마음을 일으켜야 한다. 형색에 집착하여 마음을 내지 말며, 소리와 냄새, 맛과 느낌, 그리고 생각·감정에 집착하여 마음을 내지 마라. 마땅히 머무는 바 없이 마음을 내어야 한다. 만약 마음이 머무는 바가 있다면 머물지 않도록 해야 한다. 그래서 여래는 보살이라면 반드시 그 마음이 형색에 머묾이 없는 보시를 하라고 설하는 것이다.

수보리야! 보살은 일체중생들에게 이익이 되도록 마땅히 이와 같이 보시하여야 한다. 여래는 일체의 모든 상은 곧 상이 아니며 일체의 중생도 곧 중생이 아니라고 설한다.

수보리야! 여래는 참된 말을 하는 자이며, 실다운 말을 하는 자이며, 있는 그대로를 말하는 자이며, 허황된 말을 하지 않는 자이며, 사실과 다른 말을 하지 않는 자이다."

"수보리야! 여래가 깨달은 이 법은 진실하지도 않고 헛되지도 않다. 만약 보살이 법에 집착하여 보시를 행하면 마치 사람이 어둠 속에 들어가면 아무것도 보지 못하는 것과 같고, 만약 보살이 법에 머무는 바 없이 보시를 행하면 마치 눈 있는 사람이 햇빛이 밝게 비치면 여러 가지 형색을 보는 것과 같다.

수보리야! 오는 미래세에 선남자 선여인이 이 경을 능히 잘 받아 지니고 독송하면 여래는 부처의 지혜로 이 사람들은 다 알고 다 보나니 모두 헤아릴 수 없이 가없는 공덕을 성취하게 될 것이다."

【강설】 수보리가 삶과 세계의 실상에 대해 부처님으로부터 이전에는 들어 본 적도 없는 참된 진리의 말씀을 듣고서 마침내 걷잡을 수 없는 감동이 몰려와서 눈물 콧물 흘리며 엉엉 우는 장면이 나온다. 진리에 대한 참된 가르침을 만난다는 것은 맹귀우목(盲龜遇木)과 같은 희유한 인연이기 때문이다.

이어서 수보리는 앞으로 부처님 돌아가시고 나서 몇 백 년의 세월이 흐른 뒤에라도 어떤 사람이 이 가르침을 믿고 이해해서 받아들이면 그 사람이야말로 모든 상(相)을 떠나서 부처라 이름할 수 있는 정말로 대단히 희유한 인연을 성취하게 될 사람임을 선언한다. 그러자 부처님은 수보리의 말에 동의하면서 곧바로 "여래가 설하는 제일바라밀은 곧 제일바라밀이 아니기 때문에 제일바라밀이라고 이름 하는 것이다."라고 첨언하신다.

부처는 실제로 부처가 아니라 그 이름이 부처다. 금강반야바라밀경은 금강반야바라밀경이 아니고 이름이 금강반야바라밀경이다. 부처는 현상세계에서 깨달음이 드러난 실체가 없는 하나의 현상체다. 연극이나 꿈속에서 등장인물인 캐릭터가 실제가 아닌 것과 같은 이치이다. 현상적으로는 깨달은 사람이지만 깨달은 사람이라고 하는 그 실체가 없는 것이다. 그러니 부처라 부르든, 금강반야바라밀경이라 부르든 제대로 알고 사용해야 한다. 의식이 세 번째 단계의 '산은 산이요 물은 물이다'를 받아들일 수 있을 때라야 어떤 오해도 없이 모든 것을 고스란히 알 수 있다.

깨닫기 위해서는 그동안 진실이라고 믿었던 모든 것들을 100% 완벽하게 부정해야 한다. 나라는 것을 포함해서 모든 것을 전부 부정해야 한다. 그런 다음 다시 모든 것을 고스란히 다 받아들여야 한다. 이것이 금강경의 3단계 공부다. 첫 번째 단계의 '산은 산이요 물은 물이다'라고 하는 제상(諸相), 즉 온갖 번뇌 망상들이, 두 번째 단계의 '산은 산이 아니요 물은 물이 아니다'라고 하는 이일체제상(離一切諸相), 즉 모든 번뇌 망상들이 부서져서 착각이 없을 때, 세 번째 단계의 '산은 산이요 물은 물이다'라고 하는 즉명제불(則名諸佛), 즉 이 세상은 있는 그대로 진리이며, 모든 존재는 있는 그대로 부처요 절대 그 자체임을 알게 된다. 그때서야 비로소 본래 무아, 본래 절대임이 확연해지며 대승불교에서 이야기하는 번뇌 즉 보리요, 생사 즉 열반이라는 가르침이 통찰되는 것이다.

忍辱波羅蜜(인욕바라밀) 如來說非忍辱波羅蜜(여래설비인욕바라밀)

인욕바라밀을 여래는 인욕바라밀이 아니라고 설한다.

인욕바라밀을 설명하면서 부처님의 본생담이 다시 한 번 나온다. 지난번 10장 장엄정토(莊嚴淨土)에서도 말했듯이 부처님 전생에 대해 전해 오는 수백 가지 설화들은 모두 다 소설이다. 그런 이야기가 경전에 있다고 해서 글자 그대로 사실이라고 믿으면 오산이다. 후대에 방편으로 부처님의 전생 이야기를 꾸며 낸 것이다. 금강경이 나온 시기는 대략 부처님이 돌아가시고 나서도 칠백여 년이 지난 후다. 금강경의 저자가 본생담이 들어 있는 경전에서 부처님의 전생 이야기를 인용해서 어린아이들에게 이솝우화를 들려주는 것과 같이 교훈을 주기위한 방편으로 사용한 것이다.

부처님이 과거세에 인욕선인으로 살고 있을 때 가리왕이라는 포악한 왕에게 억울하게 몸이 베이고 팔다리가 찢기는 상황에서도 '나다 너다, 중생이다 부처다'라고 하는 일체의 상(相)이 없었으며, '억울하다, 화가 난다'라고 하는 마음의 동요조차도 없었다는 설화는 목숨이 위태로운 상황에서도 구도자는 의식이 대상에 쏠려서 동일시되어 집착하면 안 된다는 것을 강조하기 위해 동원된 문학적 수사인 것이다. 어떤 핍박이나 터무니없는 억울한 일을 당하더라도 구도자는 온전히 있는 그대로의 실상을 통찰해야 한다. 자신이 인욕바라밀을 행한다는 것에도 머무는 바 없이 안팎의 모든 생멸하는 현상에 대한 알아차림이 있어야 한다.

보살은 마땅히 일체의 상을 떠나 아뇩다라삼먁삼보리의 마음을 일으켜야 한다. 형색에 집착하여 마음을 내지 말며, 소리와 냄새, 맛과 느낌과, 생각·감정에 집착하여 마음을 내지 마라. 마땅히 머무는 바 없이 마음을 내어야 한다.

머물 수 있는 나라는 것이 있고 어떤 대상이 있는 것이 아니다. 본래 그런 것은 없다. 그러므로 마땅히 그 어디에도 머무는 바 없이, 집착 없이 삶을 살아야 한다. 무아는 머리로 이해하는 것이 아니기 때문에 끊임없이 색성향미촉법, 즉 안팎의 생멸하는 현상에 대한 알아차림이 있어야 한다. 부처님은 그것을 실천한 분이고 지금 금강경의 저자도 그 점을 반복해서 강조하고 있다.

진리는 본래 대상화될 수 있는 것이 아니다. 찾는 자가 찾고 있던 대상이다. 그러니 대상조차 대상이 아니다. 진리를 추구하는 자와 찾고자 하는 진리는 본래 하나다. 깨닫고자 하는 구도자가 따로 있고 깨달을 진리가 따로 있는 한 깨달음은 없다. 세상에는 훌륭한 구도자들이 많았지만 대부분 가고자 하는 길에서 실패했다. 그들은 이 몸과 마음이 나라는 개체의식 상태에서 이 몸과 마음을 갈고 닦아서 자기 자신을 완벽하고 위대한 영적인 존재로 만들려 하거나, 지금 여기가 아닌 미래의 어떤 곳에서 위대한 구원자를 찾으려고 했기 때문이다. 참나는 이미 본래 참나이다. 내가 나를 깨달을 수는 없다. 그런데 나를 대상으로 놓고 깨달으려고 하니 깨달아지겠는가? 이 착각에서 벗어나지 못하면 죽을 때까지 수행을 해도 안 되는 것이다.

나라는 상(相)에 매달려 평생을 닦으면, 추구하는 자인 개체적 자아의 성취감은 높아질 수 있을 것이다. 죽기 살기로 하면 진리에 대한 지적인 이해도 높아지고, 그 과정에서 남다른 체험도 할 수 있다. 그러다 보면 사람들로부터 특별한 존경을 받을 수도 있지만, 개체의식에 매어 있는 한 결코 나라는 생각인 에고를 벗어나지 못한다.

의식의 대전환이 있어야만 이 몸과 마음이 나라는 착각으로부터 벗어날 수 있다. 구도의 세계에서 흔히들 깨달았다고 하는 것을 가만히 들여다보면 개체인 자기가 열심히 갈고 닦아서 성불(成佛)을 했다고 하는 경우가 대부분이니 얼마나 터무니없는 일인가? 금강경은 심지어 부처 자신도 부수고 있다. 부처는 진짜 부처가 아니다. 부처라는 어떤 실체가 없지만 현상세계에서 깨달음이 드러났기 때문에 그것을 현상적으로 부처라고 부를 뿐이다.

학교에서 학생들을 가르치는 사람을 선생님이라고 부르고, 회사를 대표하는 사람을 사장님이라고 부르는 것과 같다. 그 이름이 선생님이고 그 이름이 사장님이다. 그 상황에서 그 역할을 하게 되니까 인연따라 서로 그렇게 이름을 불러 줄 뿐이다.

인식된 모든 것은 개념이다. 개념이라는 것은 어떤 상황이 되거나 역할이 주어지면 무엇이라 하거나 아무개라고 이름 부르다가 그 상황과 역할이 끝나면 없어지는 것이다. 깨달음에 대한 공부도 마찬가지다. 무엇이 됐든 다 개념인데 진짜 진리인 것처럼 믿는다면 그것은 맹신이며 그 순간 무지에 떨어지게 된다. 이러한 무지를 부숴 주기 위해서 선사(禪師)들은 살불살조(殺佛殺祖), 부처를 만나면 부처를 죽이고, 조사를 만나면 조사를 죽이라고 하였다. 그런데 무지한 맹신자들은 부처님을 현상세계 속의 하나의 역할에 대한 이름으로 생각하지 않고 신통방통하고, 복과 가피를 내려 주는 전지전능한 위대한 분이라고 생각한다. 그러나 부처님은 그런 희망이나 바람에 응답해 주는 어떤 신비하고 초월적인 실체가 아니다.

석가모니는 태어나자마자 일곱 걸음을 걸으며 "천상천하유아독존(天上天下唯我獨尊)"이라고 외쳤다고 한다. 이 말의 본래적인 의미는 "하늘 위 하늘 아래 오직 나 홀로 존귀하다. 나 혼자밖에 없다. 다른 것은 없다. 진리를 제대로 알고 올바로 깨닫게 되면 천상천하에 오직 나 혼자만 있다. 이 우주 현상계 전체가 통째로 하나다."라는 뜻이다.

그런데 전체성에 대한 안목이 없으면 석가모니가 태어나자마자 손가락으로 하늘과 땅을 가리키면서 "천상천하유아독존"이라고 외쳤고, 그런 비범한 능력을 갖춘 채 태어난 석가모니가 이 세상에서 가장 존귀한 분이라고 착각하게 된다. 그렇게 되면 석가모니는 사이비 교주가 되는 것이다. 석가모니가 개체인 자신이 이 세상에서 가장 존귀한 존재라고 말했다면 그런 석가모니는 분명히 사이비교주다. 실상을 깨닫고 보면 이 우주 현상계는 통째로 하나이기 때문에 모든 것이 나일 수밖에 없다. 전체 속의 부분인 이 몸과 마음이 내가 아니라 전체가 그냥 통째로 하나로서의 나다. 나는 절대다!

　인간은 세상을 보는 자와 보이는 대상인 주객으로 나누고, 이어서 대상을 유와 무, 음과 양, 선과 악 등으로 계속해서 나누어서 본다. 그러나 보는 자와 보이는 대상이 하나라는 진실을 깨닫는 순간, 그러한 이원적이고 상대적인 인식체계가 무너지게 된다. 통째로 하나, 주와 객의 분리 없이 통째로 나인데, 이때의 나는 나와 너 할 때의 상대적인 나가 아니고 전체로서의 참나다. 이것을 진아여여(眞我如如)라고도 표현한다. 전체를 통째로 볼 때만 천상천하 유아독존이나 진아여여라는 말의 진정한 뜻을 알 수 있다. 분리의식 상태에서는 IQ가 아무리 높아도 이해될 수 없는 말들이다.

　당나라 때 한 학인(學人)이 운문(雲門, 864~949) 선사에게 물었다.
　"부처가 무엇입니까?"

그러자 운문이 이렇게 대답했다.

"똥 닦는 막대기다."

선문답은 그 내용이 무엇이든 결국 "진리가 무엇입니까?"에 대한 문답이다. 그런데 진리에 대해 묻는 제자에게 선사들은 단박에 물음 자체를 끊어 버리는 가르침을 준다. 깨달아 보겠다고 묻는 순간 진리와는 멀어지기 때문이다. 구도자는 당연히 진리를 깨달으려고 질문하는데 어째서 묻는 순간 어긋난다는 것인가? 진리를 깨달으려고 하는 내가 있기 때문이다. 깨달음은 '무아=연기'다. 그런데 내가 무아를 깨달으려 하고 있으니 되겠는가?

어떤 구도자들은 화두를 들다가 생각이 끊어져서 고요한 삼매 상태가 되면 깨달았다고 한다. 일체의 망념이 끊어진 삼매 상태를 참나인 본래성품이라고 착각하는 것이다. 그렇게 모든 것이 끊어진 고요한 상태만이 본성인 경우 출퇴근 시간에 서울 강남 사거리에서 자동차끼리 연쇄 충돌하는 그런 소란스러운 상태는 본성이 아니게 된다. 이처럼 어느 한쪽에 치우치는 경우 그것 아닌 나머지는 본성에서 배제되는 것이다. 진리는 절대성이고 전체성이다. 전체를 통째로 보지 못하고 여전히 분리의식 상태에서 자기가 체험한 것만을 전부라고 착각하면 이른바 착각 도인이 되는 것이다. 석가모니 부처님의 '무아=연기'가 2500년 전에는 빛을 발했는데 지금은 이것이 말로만 떠돌고 있지 진실한 본래의 뜻은 퇴색되어 버렸다.

석가모니의 '무아=연기'의 깨달음은 한 개인의 노력으로 된 것이 아니다. 석가모니라는 한 위대한 종교적 천재가 깨달음을 얻은 것이 아니라는 말이다. 우주 전체의 연기적인 기운이 하나로 모여 보리수 아래에서 툭하고 깨달음이 드러난 것이다. 우리가 착각된 분리의식의 관점에서 보면 "아! 석가모니는 깨달아서 참 좋겠다."라고 부러워할 수도 있다. 그런데 전체적인 관점, 즉 너와 나, 중생과 부처가 따로 없는 하나인 의식의 관점에서 볼 때, 깨달음이라고 하는 것은 전 우주의 연기적 인연이 모여서 드러나는 것이다.

　어느 가을 날 감나무에 감 하나가 잘 익는 것과 같다. 잘 익은 그 감은 우주 전체의 무수한 연기적 인연 속의 한 사건이다. 저 혼자 열매 맺고, 저 혼자 익을 수는 없다. 저 혼자서 주체적으로 무엇을 어떻게 한다는 것은 불가능한 일이다. 깨달은 사람들은 자신의 깨달음이 결코 한 개인의 깨달음이 아니고 우주 전체의 깨달음이라는 것을 안다. 현상적으로 다만 시절인연이 되면 저절로 드러나는 것일 뿐이다. 현상세계 전체가 씨줄과 날줄로 연결되어 연기 법칙에 의해 통째로 펼쳐지는데, 거기에 어떤 개체의 깨달음이라는 것은 있을 수 없다.

제15 지경공덕분 持經功德分

: 가르침을 가슴에 새기는 공덕

須菩提 若有善男子善女人 初日分 以恒河沙等身 布施
수보리 약유선남자선여인 초일분 이항하사등신 보시

中日分 復以恒河沙等身 布施 後日分 亦以恒河沙等身
중일분 부이항하사등신 보시 후일분 역이항하사등신

布施 如是無量百千萬億劫 以身布施
보시 여시무량백천만억겁 이신보시

若復有人 聞此經典 信心不逆 其福勝彼 何況書寫受持
약부유인 문차경전 신심불역 기복승피 하황서사수지

讀誦 爲人解說 須菩提 以要言之 是經 有不可思議
독송 위인해설 수보리 이요언지 시경 유불가사의

不可稱量 無邊功德 如來 爲發大乘者說 爲發最上乘者說
불가칭량 무변공덕 여래 위발대승자설 위발최상승자설

若有人 能受持讀誦 廣爲人說 如來 悉知是人 悉見是人
약유인 능수지독송 광위인설 여래 실지시인 실견시인

皆得成就 不可量 不可稱 無有邊 不可思議功德
개 득 성 취　불 가 량　불 가 칭　무 유 변　불 가 사 의 공 덕

如是人等 則爲荷擔如來阿耨多羅三藐三菩提
여 시 인 등　즉 위 하 담 여 래 아 녹 다 라 삼 먁 삼 보 리

何以故 須菩提 若樂小法者 著我見人見衆生見壽者見
하 이 고　수 보 리　약 요 소 법 자　착 아 견 인 견 중 생 견 수 자 견

則於此經 不能聽受讀誦 爲人解說 須菩提 在在處處
즉 어 차 경　불 능 청 수 독 송　위 인 해 설　수 보 리　재 재 처 처

若有此經 一切世間天人阿修羅 所應供養 當知 此處
약 유 차 경　일 체 세 간 천 인 아 수 라　소 응 공 양　당 지　차 처

則爲是塔 皆應恭敬 作禮圍繞 以諸華香 而散其處
즉 위 시 탑　개 응 공 경　작 례 위 요　이 제 화 향　이 산 기 처

"수보리야! 만약 어떤 선남자 선여인이 아침에도 갠지스강의 모래 수만큼의 몸을 바쳐 보시하고 또 낮에도 갠지스강의 모래 수만큼의 몸을 바쳐 보시하고, 저녁에도 또한 갠지스강의 모래 수만큼의 몸을 바쳐 보시한다고 하자. 이렇게 하기를 한량없는 백 천 만 억겁의 시간 동안 몸을 바쳐 보시를 한다 하더라도, 어떤 사람이 이 경전을 듣고 믿는 마음을 내어 저버리지 않는다면, 이 사람의 복이 앞 사람의 복보다 훨씬 더 크리라. 그런데 하물며 이 경을 베껴 쓰고 받아 지니고 읽고 외워서 다른 사람에게 설명해 주는 사람이 있다면 더 말해 무엇 하겠느냐!"

"요컨대 수보리야! 이 경은 불가사의하며, 헤아려 셀 수도 없고, 끝도 없는 공덕을 지닌다. 여래는 대승의 마음을 낸 이를 위해 이 경을 설하고, 최상승의 깨달음을 추구하는 이를 위해서 이 경을 설하느니라. 만약 어떤 사람이 이 경을 받아 지니고 읽고 외워서 널리 다른 사람들에게 설한다면, 여래는 이 사람이 하는 일을 다 알고 다 볼 것이니, 이 사람은 헤아릴 수 없고, 말로 다할 수도 없으며, 끝도 없는, 불가사의한 공덕을 이룰 것이다. 이와 같은 사람들이라면 즉시 여래의 아뇩다라삼먁삼보리를 능히 감당하여 성취할 수 있을 것이다."

"왜냐하면 수보리야! 작은 법에 흡족해하는 자는 아견·인견·중생견·수자견에 집착하여 이 경을 들으려고 하지도 않고, 받아들이지도 못하고, 읽고 외워서 다른 사람에게 설명해 줄 수 없을 것이다.

수보리야! 어디든지 이 경이 있는 곳이라면 일체 세간의 하늘 신과 인간과 아수라가 기꺼이 공양을 올릴 것이니, 마땅히 알라. 그곳은 곧 부처님의 탑묘와 같아서, 응당 모두가 공경하여 예배드리며 그 주위를 돌면서 온갖 꽃과 향을 그곳에 뿌릴 것이다."

【강설】 아침, 점심, 저녁으로 갠지스강에 있는 모래알 수만큼의 몸을 바치는 엄청난 보시를 무량 겁 동안 한다 하더라도, 금강경의 가르

침을 듣고 단지 믿음을 내어 저버리지만 않아도 이 사람의 복이 신명(身命)을 바치는 복보다 훨씬 크고 뛰어나다고 이야기 한다. 또한 자기 혼자만 믿음을 내서 진리를 받아들이고 이해하고 깨닫는 것에 그쳐서는 안 되고, 널리 진실한 가르침을 전파해야 된다고 한다. 금강경에 빈번히 등장하는 수지독송(受持讀誦)과 광위인설(廣爲人說)의 표현 속에는 다분히 소승적 삶을 부정하고 상구보리 하화중생(上求菩提 下化衆生), 즉 한편으로는 깨달음을 구하고 다른 한편으로는 중생을 교화하는 대승적 삶을 지향하는 새로운 보살 운동의 방향성이 깃들어 있다.

따라서 아뇩다라삼먁삼보리에 마음을 내고 최상승을 추구하는 선남자 선여인은 부처님의 바른 가르침을 믿고, 받아들이고, 이해하고, 통달해야 할 뿐만 아니라 고통받는 중생들에게도 바른 가르침을 전하고 깨달음의 공덕을 회향하는 삶을 살아야 한다. 그러할 때만이 진정한 무아의 삶을 사는 것이고, 그 무엇과도 비교할 수 없는 불가사의한 공덕을 성취할 수 있는 것이다.

모든 것들이 실체가 없어서 아무것도 아니라면서 도대체 무엇이 불가사의한 공덕이고, 무엇이 무량겁 동안 목숨을 바치는 것보다 더 대단하다는 것인가? 진리적 관점에서 볼 때 불가사의(不可思議) 공덕은 바로 무아 공덕이다. '공덕 즉비공덕 시명공덕(功德 則非功德 是名功德)'이기 때문에 현상적으로는 공덕은 공덕이라고 할 만한 그 어떤 실체가 없는 것이지만, 그 '무아=연기'의 진리를 깨닫게 되면 그것이야말로 영원불변하며 현상세계의 그 무엇과도 비교할 수 없는 절대의 불가사의한 공덕이라는 뜻이다.

금강경은 대승의 마음을 내어 최상승의 깨달음을 추구하는 이들을 위해 설한다고 했다. 보시를 하면 복을 받고 다음 생에 더 훌륭하게 태어난다는 세속적인 개체의식의 관점으로 가득 차 있는 사람은 도저히 이해할 수 없는 가르침이다. 에고적인 관점으로 봤을 때는 아무런 공덕도 없고 주어지는 것도 없지만, 무아의 진리적인 측면에서는 그것이야말로 그 무엇과도 바꿀 수 없고 그 무엇으로도 부술 수 없는 불가사의한 공덕이다. 그러한 공덕은 무아 공덕일 때만 가능하다.

무아를 깨닫기 전에는 자동적으로 몸과 마음이 나라는 착각이 의식에 뿌리 깊이 박혀 있어서 모든 행위가 이 개체를 중심으로 돌아간다. 그러나 몸과 마음이 나라는 자아의식은 만들어진 것이다. 태어난 이후에 생성된 것인데 본래부터 있었던 것처럼 다 속으며 산다. 우리의 출생을 거슬러 올라가 보면, 부모님의 정자와 난자에 도달하게 된다. 그런데 정자와 난자는 영양분의 공급 없이는 만들어질 수 없다. 그러면 부모가 섭취한 소고기, 돼지고기, 배추, 무 이런 음식물들이 우리 존재의 뿌리인가? 그렇다면 그 음식물들은 또 어디에서 왔고, 어떻게 해서 만들어진 것인가? 조금만 추론과 분석을 해 보면 이 몸과 마음이 나이고, 이 개체가 본래부터 외부와 분리된 독립적인 주체라고 할 만한 근거가 없음을 알 수 있다.

한 생명의 탄생이라는 현상적인 차원에서 보면 나라고 하는 이 개체가 세상에 나온 것은 그야말로 기적이다. 하나의 정자가 난자를 만날 확률만 따져 봐도 이런 기적이 없다. 그러나 거기에는 개체적 존재의 무슨 특별함이나 어떤 위대한 존재의 능력이 끼어들 여지는 없다. 사람은 누구나 자기가 특별하기를 바라지만 객관적으로 엄밀하고 냉정하게 분석해 보면 이 세상에 한 생명으로 태어난다는 것은, 비록 신비롭게 여겨지는 현상이기는 하지만, 그 자체에 특별함이라고는 아무것도 없다. 그 누구라도 마찬가지다. 아무튼 이 몸은 가깝게는 부모님이 섭취한 수많은 음식물이 변해서 된 것이다. 그러나 더 자세히 살펴보면 몸이라는 것은 몇 가지 원인들만을 가지고서 '무엇이다'라고 명확하게 설명할 수 있는 그런 것이 아니다. 자그마한 몸일지라도 우주 전체의 모든 인연 조건들의 복합체이기 때문이다.

따라서 이 몸과 마음이 분리된 나라는 개체 의식이 얼마나 허구인지 알아야 한다. 한편 종교나 정신세계를 추구하는 사람들이 쉽게 빠지는 착각 중에 하나가, 자신들은 육체가 아닌 뭔가 더 숭고하고 성스러운 어떤 영적 존재일 것이라는 신념이다. 그러나 우리의 본질이 육체가 아닌 것처럼, 우리의 본질은 정신적인 어떤 것도 아니다. 육체와 영혼, 몸과 마음, 물질과 정신은 동전의 양면과 같이 현상적으로 드러난 하나의 두가지 측면의 개념적인 쌍이다. 현상적으로 감각할 수 있고, 인식할 수 있는 그 모든 것들은 개념일 뿐 실체가 아니다.

'천상천하 유아독존'이라고 외칠 수 있다는 것은 진정한 내가 누구인지를 안다는 것이다. 깨닫기 전에는 다른 것들에 의지해 힘들게 살아갈 수밖에 없는 몸과 마음을 나로 착각하여 속박되어 살다 보니 생로병사가 고통스러울 수 밖에 없지만, 깨닫고 나면 생로병사를 겪는 이 몸과 마음은 진정한 내가 아니라는 것을 알게 되어 착각에서 벗어나는 것이다. 진정한 나는 태어나거나 죽는 그런 허깨비가 아니라 이 모든 것들을 드러내기도 하고 거두어들이기도 하는 영원불변한 절대 그 자체임을, 드러난 모든 존재들이 통째로 절대 그 자체 임을 깨닫게 되는 것이다.

불교에서는 모든 것이 부처라는 말을 한다. 그런데 이것이 깨닫지 못한 사람들에 의해서 왜곡되면 "각각의 만물에 불성이 깃들어 있다."라고 잘못 표현된다. 분리된 만물에 각각 불성이 있는 것이 아니라 우주 만물이 통째로 하나인 불성 그 자체다. 부처님의 가르침을 듣긴 들었는데 이것을 근원에서 통째로 전체를 보지 못하고 분리의식으로 보면 개에게도 불성이 있네, 없네 하면서 헛되이 시비 분별하게 되는 것이다. 이 현상세계는 참나인 절대가 드러난, 있는 그대로 절대의 모습이다. 그러므로 이 현상세계 자체가 있는 그대로 통째로 불성 그 자체다. 이 현상세계 개개의 만물 속에 불성이 따로따로 들어 있는 것이 아니다.

수보리야! 작은 법에 흡족해하는 자는 아견 · 인견 · 중생견 · 수자견에 집착하여 이 경을 들으려고 하지도 않고, 받아들이지도 못하고, 읽고 외워서 다른 사람에게 설명해 줄 수 없을 것이다.

대승불교에서는 소승불교 때문에 불교가 왜곡되었다고 보기 때문에 소승적인 견해를 비판한다. 작은 법에 흡족해하는 자는 바로 혼자만 깨달으려고 하는 이기적인 구도자를 말한다. 작은 법에 흡족해하는 자는 아견 · 인견 · 중생견 · 수자견에 집착해서 이 몸과 마음이 나라는 개체의식에 속박되어 부처님의 '무아=연기'의 가르침을 이해하지도 못하고, 자기 혼자만 깨달으려고 하고, 다른 사람들에게 가르침을 펴지도 못한다고 지적하고 있다.

제16 능정업장분能淨業障分

: 능히 업장을 정화함

復次須菩提 善男子善女人 受持讀誦此經 若爲人輕賤
부차수보리 선남자선여인 수지독송차경 약위인경천

是人 先世罪業 應墮惡道 以今世人輕賤故 先世罪業
시인 선세죄업 응타악도 이금세인경천고 선세죄업

則爲消滅 當得阿耨多羅三藐三菩提 須菩提 我念過去
즉위소멸 당득아뇩다라삼먁삼보리 수보리 아념과거

無量阿僧祇劫 於然燈佛前 得値八百四千萬億
무량아승기겁 어연등불전 득치팔백사천만억

那由他諸佛 悉皆供養承事 無空過者 若復有人
나유타제불 실개공양승사 무공과자 약부유인

於後末世 能受持讀誦此經 所得功德 於我所供養
어후말세 능수지독송차경 소득공덕 어아소공양

諸佛功德 百分不及一 千萬億分 乃至算數譬喻 所不能及
제불공덕 백분불급일 천만억분 내지산수비유 소불능급

須菩提 若善男子善女人 於後末世 有受持讀誦此經
수보리 약선남자선여인 어후말세 유수지독송차경

所得功德 我若具說者 或有人聞 心則狂亂 狐疑不信
소득공덕 아약구설자 혹유인문 심즉광란 호의불신

須菩提 當知 是經義 不可思議 果報 亦不可思議
수보리 당지 시경의 불가사의 과보 역불가사의

"또한 수보리야! 선남자 선여인이 이 경을 받아 지니고 읽고 외우는데 남들로부터 경시당하고 천대를 받는다면, 이 사람은 과거세의 죄업으로 응당 악도에 떨어질 것이었는데 현세에 남들로부터 경시당하고 천대를 받은 까닭에 과거세에 지은 죄업이 즉시 소멸되고 마땅히 아뇩다라삼먁삼보리를 얻게 될 것이다."

"수보리야! 내가 기억해 보니 과거 헤아릴 수 없는 아승기겁의 시간 동안 연등부처님을 만나기 전에도 팔백사천만억 나유타의 수많은 부처님을 만나서 모두 공양 올리고 받들어 모시는 데에 조금도 그냥 지나친 적이 없었느니라. 만약 어떤 사람이 훗날 말세에 이 경을 잘 받아 지니고 읽고 외워서 얻게 될 공덕은, 내가 그 많은 부처님들께 공양 올려 얻은바 공덕과 비교하면 나의 공덕은 그 공덕의 백분의 일, 천만 억분의 일, 아니 어떤 숫자와 비유로도 결코 거기에 미치지 못할 것이다.
　수보리야! 만약 선남자 선여인이 훗날 말세에 이 경을 받아 지니고 읽고 외우는 경우에 그 얻게 될 공덕에 대하여 내가 빠짐없이 말한다면 혹 어떤 사람은 그 말을 듣고는 마음이 미쳐 날뛰어 여우처럼 의심을 품고 믿지 않을 것이다.

　수보리야! 마땅히 알거라. 이 경의 뜻은 불가사의하며 그 수지독송의 과보 또한 불가사의한 것이다."

【강설】금강경을 수지독송(受持讀誦)하는 공덕에 대해서 거듭 강조하고 있다. 15장 첫머리에 죄업(罪業)이니 악도(惡道)니 하는 말들이 나온다. 또 석가모니가 깨닫기 위해서 지난 과거세에 연등부처님뿐만 아니라 헤아릴 수 없이 많은 겁(劫) 동안 수많은 부처님들을 찾아다니며 받들고 수행했다는 이야기가 나온다. 이런 내용을 보고 윤회니 업이니 주장하면 금강경의 본래 가르침의 취지에서 멀어진다. 금강경 저술 당시 인도 사회와 종교 분위기가 반영된 정도로 이해해야 한다.

　인도의 고대 문명은 중앙아시아 부근에서 이주해 온 아리안족과 선주민인 드라비다족이 결합되면서 형성되었다. 초기에는 정치와 종교가 분리되지 않은 제정일치의 시대로 이들이 믿었던 종교는 오늘날의 힌두교의 전신인 브라만교다. 인드라 신, 아그니 신 등 다양한 신들에게 복을 비는 제사를 주관했던 브라만 사제계급에 의해 주도되었는데, 대략 B.C. 1500년 무렵부터 B.C. 500년에 이르는 동안 각종 베다 경전과 이에 대한 주석서인 브라흐마나, 우파니샤드가 차례차례 만들어졌다.

후기에는 윤회설과 카르마라는 업(業)설이 도입되면서 사회적으로 엄격한 계급질서인 카스트제도가 만들어졌다. 지배층들이 자신들의 영원한 지배를 구축하고자 종교를 정치적으로 이용했던 것이다. 현대에 와서 인도 헌법에 평등 조항을 넣음으로써 법적으로는 종교적이고 사회적인 차별을 폐지하고 정부 차원에서 다양한 노력을 하고 있지만, 아직도 인도 사회 곳곳에는 뿌리 깊은 사성 계급의 영향력이 존재한다.

석가모니는 천 년 이상이나 이어져 내려온 브라만교의 전통 속에서 태어나 살았음에도 그런 것들에 세뇌되거나 현혹되지 않고, 생로병사를 겪는 인간의 한계에 도전하여 무엇이 진실이고, 근원이고, 해방이고, 자유인지 진지하게 탐구하였다. 천여 년 동안 전해져 내려온 미신적이고 차별적인 브라만교에서는 결코 만족할 만한 답을 찾을 수 없었고, 당시에 새롭게 등장한 슈라마나, 즉 사문(沙門)들의 새로운 가르침 쪽으로 눈길을 돌려 탈출구를 모색하였다.

사문(沙門)이라고 불렸던 이들은 기존의 브라만들의 제사 만능주의와 카스트적인 계급주의를 부정하고 출가·고행·선정 등의 새롭고 다양한 방법들을 통해서 세계와 인간의 삶을 재조명하고 영원한 해탈을 추구했던 이들이다. 석가모니는 태자의 신분을 버리고 출가 사문이 되어 여러 스승들을 찾아다니며 마음을 제어하는 선정수행을 먼저

익혔다. 얼마 안 가서 가르침을 준 스승들의 경지에 도달한 석가모니는 그러나 곧 선정삼매의 한계를 알아차린다. 시비분별 없는 선정 삼매 속에서는 마음이 평온하고 괴로움을 일으키는 번뇌 망상이 사라진 듯했으나 선정삼매에서 나오면 다시 번뇌가 일어났기 때문이었다.

석가모니는 함께 교단의 지도자가 되어 제자들을 가르치자는 스승들의 권유조차 미련 없이 뿌리친 채 고행(苦行)의 길을 택하였다. 윤회의 속박된 삶은 카르마, 즉 괴로움의 결과를 불러들이는 과거의 그릇된 행위인 업이 그 원인이라고 생각했기 때문에 고행을 통해서 과거의 업을 청산하고 단식과 묵언과 좌선 등을 통해서 해탈을 얻고자 한 것이다. 오염된 업을 소멸시키고자 죽음 직전까지 가는 엄청난 고행을 했지만 만족할 만한 깨달음은 오지 않았다.

석가모니는 모든 것을 내려놓고 보리수 밑에 앉았다. 이제는 생각이 끊어진 선정 삼매나 억지로 제어하는 고행이 아니라 모든 것을 있는 그대로 바라보기 시작하였다. 거기에는 어떤 인위적인 것도 개입되지 않았다. 모든 것을 내버려 두고 어느 것 하나에도 상관하지 않고 마음에서 일어나는 생각에도 관여하지 않았다. 그것이 나쁜 생각이든 좋은 생각이든 시비분별하지 않고 있는 그대로 알아차림만 했다. 그렇게 일주일 밤낮으로 안과 밖에서 일어나는 모든 생각과 말과 행위와 현상들을 알아차림 한 결과, 이 현상세계에서 일어나는 모든 것들은 전부 어떤 주체나 실체 없이 조건 지어져 연기 작용에 의해 이루어져 있다는 진실을 보았다. 현상세계의 연기성을 통찰한 덕분에 무아를 깨달을 수 있었던 것이다.

  윤회나 카르마(업)의 문제는 부처님이 2500년 전에 '무아=연기'를
깨달음으로써 이미 다 해결했다. '무아=연기'의 뜻을 조금만 헤아린다
면 윤회나 카르마라는 것은 말도 안 된다는 것을 금방 알 수 있다. 그
런데 아직도 불교 안에서조차 이런 것들을 진리인 것처럼 말을 한다.
'무아=연기'는 그 어디에도 주체로서의 나라는 것은 없다는 것이다.
그렇기 때문에 윤회론이나 단멸론, 숙명론이나 자유의지론 등은 사실
'무아=연기'의 관점에서는 무의미한 논쟁이다. 윤회를 하는지 안 하
는지를 논하려면 먼저 윤회를 할 수 있는 주체로서의 나라는 것이 있
는지 없는지부터 살펴봐야 한다. 자유의지가 있는지 없는지의 문제도
그것을 따지기 전에 우선 자유의지를 행사할 수 있는 주체가 있는지
없는지를 살펴보아야 한다. 윤회할 주체가 없는데, 자유의지를 낼 실
체가 없는데 도대체 누가 윤회하고 무엇이 업을 짓는다는 말인가?
  '무아=연기'를 깨닫게 되면 윤회가 있니 없니, 자유의지가 있니 없
니 하는 것들은 저절로 해소된다. 뿌리를 뽑으면 거기에 딸려 있는 가
지와 이파리는 동시에 다 뽑혀 나가는 것과 같다. 그러니 부처님의 깨
달음인 '무아=연기'는 중생들의 모든 어리석음을 뿌리째 뽑아내는 것
이다. 아직도 윤회가 있느니 없느니, 자유의지가 있느니 없느니 하고
싸우는 것은 근본 진리인 '무아=연기'의 참뜻을 모르기 때문에 하는
헛소리에 불과하다.

16장에서도 계속해서 금강경의 수지독송(受持讀誦)의 중요성을 강조하고 있다. 금강경을 수지독송(受持讀誦)한다는 것은 단지 금강경을 소장하고, 읽고 외우고, 배포한다는 불교도로서의 신행 활동을 의미하는 것이 아니다. '무아=연기'에 대한 가르침을 정확하게 받아들이고 스스로가 내면에서 제대로 체득한다는 뜻이다. 그랬을 때 그 수지독송의 공덕은 불가사의 공덕이 된다. 그런 연후에는 위타인설(爲他人說), 즉 나라는 상(相)이 없이 다른 사람에게 전하게 되니 또한 불가사의 공덕이 된다는 말이다.

기독교든 불교든 많은 종교인들은 대체로 포교 활동을 열심히 한다. 왜 그렇게들 열심히 포교 활동을 할까? 속을 들여다보면 자신들의 공덕을 쌓기 위해서 하는 경우가 대부분이다. 그런데 금강경에서는 그런 행위는 아무 소용이 없다고 한다. 그런 것들은 전부 먼지 티끌처럼 사라져 버린다. 내가 한다는 상이 없는 무주상(無住相) 보시일 때만 비로소 불가사의한 복덕이 온다. 그런데 이 몸과 마음이 나인 줄 알고 있는 사람은 이런 금강경의 말씀을 결코 이해하지 못한다.

나에게 돌아오는 보상이 아무것도 없다면, "도대체 그런 것이 무슨 공덕이냐?"라고 따질 것이다. 그것은 되돌아 올 보상이 아무것도 없는 것의 위대성을 모르고 하는 말이다. 비어 있음의 위대성을 모르는 것이다. 눈에 보이고 손에 잡히는 보상이 따라야 포교를 하든지 뭘 하든지 재미가 있는 건데, 해 봤자 아무 소용도 없다면 "그럼, 무엇 하러 보시를 하고 포교를 해야 하느냐?"라고 반문할 것이다. 그렇지만 이런 태도는 실상을 알지 못하는 일반 중생들의 개체중심적 발상에 불과하다.

아상(我相)을 버리지 못하고 뭔가 얻게 되기를 바라면서 진리 공부를 하면 계속해서 실망과 의심 사이를 방황할 수밖에 없다. '내가 이만큼 했는데 나한테 왜 이런 불행한 일이 계속 일어날까?'라는 회의와 갈등이 계속해서 생긴다. 지혜롭지 못한 사람들은 어떤 기대를 가지고 수행을 하고, 지금까지는 불행했어도 앞으로 수행을 열심히 하면 이후부터는 항상 행복해질 것이라는 헛된 꿈을 꾼다. 행복과 불행은 전체성인 절대가 만들어 내는 연기의 각본 그대로, 한 치의 오차 없이 누구에게나 적용되는 동전의 양면 같은 것이다. 그러니 구도자는 그냥 받아들일 뿐 다른 할 일이 없다.

가르침을 정확하게 알고 일체가 본래 무아이고, 본래 절대라는 것을 이해해서 어디에도 집착함이 없는 무주상(無住相)으로 보시를 하고 진리를 전달한다면 그것이야말로 이 세상의 그 어떤 공덕과도 비교할 수 없는 불가사의한 공덕이다. 이런 금강경의 가르침을 듣고 "그게 도대체 무슨 소리야?" 하고 거부감이 일어난다면 그런 사람은 "그대가 보시 하면 수천만 배로 부처님의 가피를 받게 되리라. 죽고 나면 천상에 태어나리라." 하며 다독여 주는 곳을 찾아가야 한다. 그러나 어떤 행위를 한다고 해도 다음에 받을 수 있는 것은 아무것도 없다.

무엇인가를 내가 한다는 착각이 없는, 어떤 보상을 받으려는 기대도 없는 진실한 무아행의 보시와 전법이라야 그 무엇과도 바꿀 수 없는,

결코 무너지지 않는 진실한 공덕이다. 현상세계에서 보상받는 것은 아무것도 없지만 무아의 정신에서 이루어지는 보시와 전법이야말로 머문 바 없는 진정한 무주행이다.

'무아=연기'는 매우 엄숙하고 비장한 가르침이다. 세상의 모든 관념들을 다 부수는 오직 참나인 절대 차원에서 내리꽂히는 벽력같은 '무아=연기'의 가르침에 몸과 마음이 나라는 착각이 사라져야 한다.

제17 구경무아분究竟無我分

: 궁극의 깨달음, 무아

爾時 須菩提白佛言 世尊 善男子善女人 發阿耨多羅
이시 수보리백불언 세존 선남자선여인 발아뇩다라

三藐三菩提心 云何應住 云何降伏其心 佛告須菩提
삼먁삼보리심 운하응주 운하항복기심 불고수보리

善男子善女人 發阿耨多羅三藐三菩提者 當生如是心
선남자선여인 발아뇩다라삼먁삼보리자 당생여시심

我應滅度一切衆生 滅度一切衆生已 而無有一衆生實滅度者
아응멸도일체중생 멸도일체중생이 이무유일중생실멸도자

何以故 須菩提 若菩薩 有我相人相衆生相壽者相 則非菩薩
하이고 수보리 약보살 유아상인상중생상수자상 즉비보살

所以者何 須菩提 實無有法 發阿耨多羅三藐三菩提者
소이자하 수보리 실무유법 발아뇩다라삼먁삼보리자

須菩提 於意云何 如來於然燈佛所 有法得阿耨多羅三藐三菩提不
수보리 어의운하 여래어연등불소 유법득아뇩다라삼먁삼보리부

不也世尊 如我解佛所說義 佛於然燈佛所 無有法得阿耨多羅三藐
불야세존 여아해불소설의 불어연등불소 무유법득아뇩다라삼먁

三菩提 佛言 如是如是 須菩提 實無有法 如來得阿耨多羅三藐
삼보리 불언 여시여시 수보리 실무유법 여래득아뇩다라삼먁

三菩提 須菩提 若有法如來得阿耨多羅三藐三菩提者 然燈佛
삼보리 수보리 약유법여래득아뇩다라삼먁삼보리자 연등불

則不與我受記 汝於來世 當得作佛 號釋迦牟尼 以實無有法
즉불여아수기 여어래세 당득작불 호석가모니 이실무유법

得阿耨多羅三藐三菩提 是故 然燈佛 與我受記 作是言
득아뇩다라삼먁삼보리 시고 연등불 여아수기 작시언

汝於來世 當得作佛 號釋迦牟尼 何以故 如來者 卽諸法如義
여어래세 당득작불 호석가모니 하이고 여래자 즉제법여의

若有人言 如來得阿耨多羅三藐三菩提
약유인언 여래득아뇩다라삼먁삼보리

須菩提 實無有法 佛得阿耨多羅三藐三菩提
수보리 실무유법 불득아뇩다라삼먁삼보리

須菩提 如來所得阿耨多羅三藐三菩提 於是中 無實無虛
수보리 여래소득아뇩다라삼먁삼보리 어시중 무실무허

是故 如來說 一切法 皆是佛法 須菩提 所言一切法者
시고 여래설 일체법 개시불법 수보리 소언일체법자

卽非一切法 是故 名一切法 須菩提 譬如人身長大
즉비일체법 시고 명일체법 수보리 비여인신장대

須菩提言 世尊 如來說人身長大 則爲非大身 是名大身
수보리언 세존 여래설인신장대 즉위비대신 시명대신

須菩提 菩薩亦如是 若作是言 我當滅度無量衆生 則不名菩薩
수보리 보살역여시 약작시언 아당멸도무량중생 즉불명보살

何以故 須菩提 實無有法名爲菩薩 是故 佛說一切法 無我
하이고 수보리 실무유법명위보살 시고 불설일체법 무아

無人無衆生無壽者 須菩提 若菩薩作是言 我當莊嚴佛土
무인무중생무수자 수보리 약보살작시언 아당장엄불토

是不名菩薩 何以故 如來說莊嚴佛土者 卽非莊嚴 是名莊嚴
시불명보살 하이고 여래설장엄불토자 즉비장엄 시명장엄

須菩提 若菩薩 通達無我法者 如來說名眞是菩薩
수보리 약보살 통달무아법자 여래설명진시보살

이때 수보리가 부처님께 말씀드렸다.

"세존이시여! 아뇩다라삼먁삼보리를 구하는 마음을 낸 선남자 선여인
은 어떻게 행동해야 하고 어떻게 그 마음을 항복받아야 합니까?"

부처님께서 수보리에게 말씀하셨다.

"아뇩다라삼먁삼보리를 구하는 선남자 선여인은 반드시 이와 같이 그
마음을 내야 한다. '내가 마땅히 일체 중생을 열반에 들게 하여 제도하겠
다는 원을 세우고, 일체 중생을 열반에 들게 하여 제도하였더라도 실제

로는 열반에 들어 제도된 중생이 단 한 명도 없다.'라고. 왜냐하면 만약 보살에게 아상·인상·중생상·수자상이 있으면 그것은 보살이 아니기 때문이다.

그 까닭은 무엇인가? 수보리야! 아뇩다라삼먁삼보리를 구하여 얻게 되는 어떤 법이 실제로 있는 것이 아니기 때문이다."

"수보리야! 너는 어찌 생각하느냐? 여래가 연등부처님 계신 곳에서 아뇩다라삼먁삼보리를 얻었다고 할 만한 어떤 법이 있었느냐?"

"아닙니다. 세존이시여. 제가 부처님께서 설하신 뜻을 이해하기로는 부처님께서 연등불이 계신 곳에서 아뇩다라삼먁삼보리를 얻을 어떤 법이 있었던 것이 아닙니다."

부처님께서 말씀하셨다.

"참으로 그렇다. 수보리야! 여래가 아뇩다라삼먁삼보리를 얻는다고 하는 어떤 법의 실체가 없느니라.

수보리야! 만약 여래가 아뇩다라삼먁삼보리를 얻을 수 있는 어떤 법이 있다고 한다면, 연등부처님께서 나에게 '너는 다음 세상에 반드시 부처가 되리니 그 이름을 석가모니라 하게 되리라.' 하는 수기를 내리지 않았을 것이다. 진실로 아뇩다라삼먁삼보리를 얻는다고 하는 어떤 법이 없기 때문에, 연등부처님께서 나에게 수기를 내려 말씀하시길 '너는 다음 생에 반드시 부처가 되리니 그 이름을 석가모니라 하게 되리라.' 하신 것이다.

왜냐하면 여래라고 하는 것은 모든 법이 있는 그대로의 모습이라는 뜻이기 때문이다.

만약 어떤 사람이 여래가 아뇩다라삼먁삼보리를 얻었다고 말한다면 수보리야, 실로 부처가 아뇩다라삼먁삼보리를 얻었다고 하는 어떤 법이 없느니라."

"수보리야! 여래가 얻은바 아뇩다라삼먁삼보리에는 진실됨도 헛됨도 없느니라. 그러므로 여래는 일체 법이 곧 모두 부처님 법이라고 설하는 것이다.

수보리야! 말한 바 일체의 법이라 하는 것은 곧 일체의 법이 아니다. 그러므로 일체의 법이라고 이름하는 것이다."

"수보리야! 비유하건대 사람의 몸이 아주 큰 것과 같다."

수보리가 말하였다.

"세존이시여! 여래께서 사람의 몸이 아주 크다고 말씀하시는 것은 곧 큰 몸이 아닌 것이며 큰 몸이라고 이름하는 것입니다."

"수보리야! 보살도 또한 이와 같아서 만약 '나는 마땅히 한량없는 중생들을 열반에 들게 하여 제도하리라.' 말한다면 보살이라 이름할 수 없다. 왜냐하면 수보리야, 보살이라고 이름할 수 있는 그 어떤 법이 없기 때문이다. 그러므로 여래는 일체의 법은 무아이며, 무인이며, 무중생이고, 무수자라고 말하느니라."

"수보리야! 만약 보살이 '나는 반드시 불국토를 장엄하게 하리라' 말한다면 그를 보살이라 이름할 수 없다. 왜냐하면 여래가 불국토를 장엄하게 한다고 말하는 것은 곧 장엄하게 함이 아니며 장엄이라고 이름하기 때문이다."

"수보리야! 만약 보살이 무아의 법을 통달한다면 여래는 이를 참다운 보살이라 이름하리라."

【강설】 17장에서는 앞서 거론되었던 핵심적인 내용들을 다시 한 번 정리해 주고 있다. 어떻게 보면 이미 했던 말들을 계속해서 지루하게 되풀이한다고 생각할 수도 있지만, 여기에는 분명히 변하지 않는 하나의 주제가 있다. 금강경은 시작부터 끝까지 '무아=연기'를 말하고 있다. 금강경이 이런저런 등장인물과 스토리들을 통해서 궁극적으로 전달하고자 하는 테마는 구경무아(究竟無我)인 것이다. 17장 마지막 부분에서 부처님께서는 명쾌하고 확실하게 결론을 내리신다. "만약 보살이 무아의 법을 통달한다면 여래는 이를 참다운 보살이라 이

름하리라."

깨달음이라고 하는 것은 제법여의(諸法如義), 즉 모든 것들이 있는 그대로 진리임을 깨닫는다는 뜻이다. 깨달은 부처니 여래니 하는 말들을 처음 접했을 때는 대개 어떤 형이상학적이고 초월적인, 그래서 이 세상과는 별개의 것들을 상정하게 된다. 그러나 부처, 여래라고 하는 것은 하나의 독립된 존재, 분리된 개체, 특별하고 신비한 어떤 무엇을 말하는 것이 아니다. 정작 깨닫고 보면 지금 있는 이대로가 모두 진리이고, 부처이며, 여래 그 자체다.

흔히 이 세상을 고통의 바다라고 한다. 그러나 이 세상은 고통의 바다가 아니라 있는 그대로 진리다. 이것이다 저것이다, 나다 너다 하는 분별이 사라지면 그냥 있는 이대로가 진리이다. 사람이 배고프면 밥 먹어야 하고 졸리면 자야 하는 그대로가 진리이다. 깨달은 존재도 현상적인 조건 속에서는 자유로울 수 없기 때문에 석가모니도 배가 고프면 탁발을 나가야 했고 졸리면 자야 했다. 다만 눈에 보이는 그 개체가 진정한 내가 아니라는 사실을 깨달았던 것이다. 부처나 여래는 깨달은 개인을 가리키지 않는다. 이런 이름들은 다른 모든 이름들처럼 개념일 뿐이다. 이 세상 전체가 있는 그대로 진리다.

있는 그대로가 진리라는 것을 깨달으려면, 개체 의식적인 분리된 관점에서 쌓아 온 모든 상(相), 즉 고정관념 · 선입견 · 편견 · 미신을 전부 버려야 한다. 깨달음은 세속에서 물러나 수도자가 되어 초인적인 고행을 해야만 얻을 수 있는 신비한 무엇이 아니며, 구원은 죽은 뒤에 천국이나 극락에서 하나님의 은총이나 부처님의 가피로 얻게 되는 어떤 특별한 것이 아니다. 그런데 안타깝게도 미래 어딘가에서 기다리고 있는 행복이나 자유를 뒤좇다가 생을 마감하는 경우가 거의 대부분이다. 지금 여기의 삶이 아닌 다른 어떤 신비하고 초월적인 세계는 그 어디에도 없다.

아뇩다라삼먁삼보리, 즉 완전한 깨달음은 미래에 새로 무엇을 얻어서 누리게 되는 그런 것이 아니다. 이미 있는 것을 알아차리는 것이다. 이 몸과 마음이 나라는 착각을 내려놓고 일어나는 모든 것, 겪게 되는 모든 것을 알아차리다 보면 행복하니 불행하니 하는 분별심이 점점 줄어들게 되고 결국 분별 자체가 무의미하다는 것을 알게 된다. 하루아침에 당장 깨달음이 드러나지 않더라도 모든 것을 있는 그대로 알아차림 하는 것을 꾸준히 실천하다 보면 사건이나 사람들과의 관계에서 얽히고설켜 갈등하던 상태에서 서서히 벗어나게 된다. 그리하여 시절인연이 무르익게 되면 마침내는 어느 한쪽에 치우쳐진 분리된 관점에서의 상대적 행복이 아닌 불행조차도 껴안은 절대적 행복, 구속조차도 기꺼이 수용되는 영원한 자유를 누릴 수 있게 된다.

이 우주 현상계에서는 연기 법칙에 의해서 일어날 일은 반드시 일어나고, 일어나지 않을 일은 결코 일어나지 않는다. 그렇게 부분과 전체가 아무런 부족함 없이 조화롭고 완벽하게 짜여 나간다. 이 세상 모든 일들은 우주 전체가 하나로 연결되어 그 순간에 그 공간에서 그 일이 일어날 수밖에 없게끔 빈틈이라고는 전혀 없는 연기 작용이 펼쳐지는 것이다. 그 연기 작용에는 석가모니 부처님도, 예수님도, 하나님조차도 개입할 수 없다. 인드라 망처럼 씨줄과 날줄이 한 치의 오차도 없이 엮여서 저절로 진행될 뿐이다. 그런데 그 안에서 '이것은 내 의지대로 이뤄진 것이다.'라고 생각하는 것은 대단한 착각이다.

깨달음이 드러난 모든 스승들은 한목소리로 '무아=연기'를 말한다. 연기된 세상 그 어디에도 나니 너니, 부처니 중생이니, 깨달음이니 미혹이니 하는 실체가 있을 수 없다. 따라서 구제될 중생도 구제할 부처도 없다. 부처와 중생은 서로 상대적인 개념이다. 현상적으로 깨달음이 드러났으니 부처라고 그냥 이름을 붙여 주는 것이지 실제로 성불(成佛)한 어떤 존재라는 것은 없다. 진짜로 성불한 부처가 있다면 진짜로 미혹한 중생이 있어야 한다. 그럴 경우에는 부처가 중생을 구제할 수도 있을 것이다. 그런데 깨달음이 드러나면 구제되어야 하는 중생도, 구제를 하는 부처도 본래 없다는 것을 알게 된다.

"절대적 관점에서 부처와 중생이 없다는 것이지 현상적으로는 깨달은 부처와 깨닫지 못한 중생이 있지 않나요? 깨닫지 못한 구도자가 깨달은 스승을 찾아가 묻고 배우는 일이 실제로 현실에서는 일어나고 있는데 지금 도대체 무슨 말씀하고 계시나요?"라고 반문할 수도 있지만, 아니다. 현상적으로도 없다. 절대적 관점과 현상적 관점이라는 두 가지 관점이 있다고 한다면 여전히 착각된 분별 속에서 질문하고 있음을 간파하지 못하고 있는 것이다.

깨달은 의식에서는 부처와 중생, 스승과 제자는 없다. 부처가 중생을 다 구제시켜서 없는 것일까? 아니다. 본래 없다. 다만 이 몸과 마음이 나라고 착각하는 개체의식 상태가 있기 때문에 그런 착각된 의식 상태에서 벗어나도록 해 주기 위해 방편으로 부처니 중생이니 이름을 붙여 주는 것이다. 그 착각이 떨어져 나가서 무아라는 것이 드러나면 모든 것이 본래 있는 그대로 절대였음이 드러난다. 나니 너니, 부처니 중생이니 하는 상대적 분별 자체가 본래 있을 수 없다는 것을 알게 된다.

구도자는 현재 자기의 의식 상태를 고집하지 않아야 한다. 그렇지 않으면 거기에서 한 발자국도 벗어날 수가 없다. 진실에 대해서 들으면 자신이 기존에 가지고 있던 견해와 다를지라도 일단 받아들이고 직접 하나씩 확인하고 점검해 나가야 한다. 이것은 단순히 맹신하라는 말이 아니다. 맞니 틀리니 하면서 머리로만 자꾸 분석하고 이해하려 들면 그 의식 수준을 벗어날 수 없다. 가르침을 들으면 겸허하게 자신의 관점이 틀릴 수도 있음을 염두에 두고 열린 자세로 일단 믿고 받아들일 수 있는 정도는 되어야 한다. 그런 연후에 하나씩 직접 관찰하면 되는 것이다. 하지만 살아오면서 부지불식간에 만들어진 상과 집착, 그리고 고집들이 있어서 믿음을 내고 받아들인다는 것 자체가 여간 어려운 일이 아니다.

모든 것은 연기 법칙에 의한 조건과 조건의 상호 작용일 뿐이라서 궁극적으로는 이것이니 저것이니 하는 그 어떤 실체가 따로 있을 수 없다. 유(有)와 무(無), 기(起)와 멸(滅) 등의 모든 분별은 실체가 없는 이름, 즉 개념일 뿐이다. 따라서 연기법에 의하면 어떤 개체 존재의 윤회나 자유의지라는 것도 성립될 수가 없다. 그런데 금강경에는 석가모니불이 과거세에 연등불로부터 수기, 즉 미래세에 성불하게 된다는 예언을 듣는 이야기가 나온다. 금강경에 분명히 전생 이야기가 나오고, 길바닥에 엎드려 연등부처님이 진흙탕에 빠지지 않게 한 공덕으로 성불 수기를 받았다고 적혀 있는데 윤회가 없다니? 자유의지가 없다니?

이런 이해할 수 없고 믿기 어려운 가르침을 들었을 때는 이파리를 따거나 가지만 꺾으려 하지 말고 그 뿌리를 뽑아야 한다. 그런데 대부분의 구도자들, 특히 불교나 기독교에 발을 들였던 사람들은 이런 말을 들으면 윤회라든지 자유의지의 문제에 걸려서 마음의 문을 닫아버리기 때문에 더 이상 한 발자국도 나가지 못하고 물러서는 경우가 대부분이다. 윤회가 없다는 것은 그래도 간혹 좀 받아들이는데, 자유의지가 없다는 것은 더더구나 받아들이지를 못한다. 자유의지의 문제는 인간을 규정하는 데 있어서 너무나도 중요한 문제여서 수긍하기가 더욱 어렵다.

자유의지가 없다는 말을 들으면 거의 대부분이 "무슨 그런 이상한 소리를 하세요? 그럼 사람이 기계나 로봇하고 다를 바 없겠네요?"라고 반발하게 될 것이다. 그런데 미국의 신경과학자 벤자민 리벳

(Benjamin Libet, 1916~2007)의 자유의지에 대한 실험 이후, 인간에게 과연 자유의지라는 것이 있는가의 문제가 첨단 뇌과학 분야인 신경의학, 인지심리학 등에서 진지하게 재조명되고 있다. 그러나 윤회가 있다 없다, 자유의지가 있다 없다는 것에 대해서 심도 있게 토론하고, 연구하고, 실험해서 어떤 결론을 얻는다 해도 '무아=연기'를 체득하기 전에는 존재의 궁극적 실상은 드러날 수 없다.

실제로 진리를 깨달은 개체적 실체가 있어서 여래니 부처니 이름을 부르는 것이 아니다. 나니 너니, 여래니 부처니 하는 것이 실체가 없는데 "너는 내생에는 성불하여 석가모니라 불릴 것이다." 하는 수기가 도대체 무슨 의미가 있겠는가? 진리는 본질을 알아야 한다. 본질을 놓치는 순간 '나'라고 하는 주체의 문제, 그 근본적인 착각의 뿌리는 그냥 두고 곁가지만 붙들고서 이파리만 따게 되는 것이다.

금강경에서 연등부처님을 등장시켜 전달하려는 궁극적인 취지가 무엇인지를 잘 알아야만 한다. 제법의 모든 실상을 있는 그대로 보면 실무유법(實無有法), 즉 실제로는 그 어떤 법이 따로 없다. 지금 금강경에서는 모든 것들을 부정하고 있는 것이다. 수기를 했느냐 안 했느냐가 중요한 것이 아니다. 내세에 성불하느냐 마느냐가 중요한 것이 아니다. 깨달을 수 있는 어떤 개체적 존재라는 것이 본래 없다는 사실이 중요하다. 나, 너, 부처, 중생은 이름이 나, 너, 부처, 중생이다. 그것은 현상세계의 드러난 역할에다가 이름을 붙여 준 것일 뿐이다.

깨달은 부처가 따로 있고 깨닫지 못한 중생이 따로 있는 것이 아니다. 그것은 분리된 관점, 착각된 의식 상태에서만 그렇게 보이는 것이다. 그 착각의 뿌리가 뽑혀져 나가면 이 현상세계는 단 한순간도 절대 아닌 적이 없었고 진리 아닌 적이 없었음을 알게 된다. 모든 것은 하나의 연극이었음을 깨닫게 된다. 현상세계에서 깨달음이 드러난다고 하는 것도 연극 속의 한 장면이다. "내가 본래 부처였네! 내가 본래 절대였네!" 이렇게 말하는 것도 연극 속의 하나의 장면일 뿐이다.

구도자들은 깨달음이 드러나는 그 한순간을 위해 인생을 걸고 죽기 살기로 수행하는데, 사실 깨달음이 드러나고 나면 부처니 중생이니 하는 것들이 아무 의미가 없는 것이다. 그냥 본래부터 무아였고 본래부터 절대였는데 더 이상 중요하고 중요하지 않은 것이 어디 있겠는가? 그러므로 연극속의 자기 역할이 구도자일지라도 깨달음에 집착하면 안 된다. 구도자는 당연히 진리를 깨닫기 위해 목숨을 걸고 구도의 길을 가야 하지만 상(相)에 붙들리지 않아야 한다. 집착하는 순간 깨달음은 오히려 멀어진다. 무슨 일이든 집착해서 되는 일은 아무것도 없다.

通達無我法者(통달무아법자) 如來說名眞是菩薩(여래설명진시보살)

무아의 법을 통달한다면 여래는 이를 참다운 보살이라 이름하리라

한량없는 중생들을 열반에 들게 하여 제도하겠다고 하거나, 불국토를 장엄하겠다고 한다면 보살이라고 부를 수 없다고 했다. 왜냐하면 아상, 인상, 중생상, 수자상이 있으면 보살이 아니기 때문이다. 깨달음에 대한 집착과 불국토 건설에 대한 욕심조차도 내려놓고 순수하게 알아차림 해가야만 무아법을 통달할 수 있고 연기법이 드러날 수 있다. 모든 생각과 말과 행위는 그것을 일으킬 수 있는 주체가 없다. 내가 주체가 되어 아뇩다라삼먁삼보리라는 어떤 법을 성취할 수는 없다. 깨달음조차도 연기 법칙에 의해 시절인연에 따라 저절로 드러나는 것이다.

제18 일체동관분一體同觀分

: 한 몸이어서 다름을 볼 수 없음

須菩提 於意云何 如來有肉眼不 如是世尊 如來有肉眼
수보리 어의운하 여래유육안부 여시세존 여래유육안

須菩提 於意云何 如來有天眼不 如是世尊 如來有天眼
수보리 어의운하 여래유천안부 여시세존 여래유천안

須菩提 於意云何 如來有慧眼不 如是世尊 如來有慧眼
수보리 어의운하 여래유혜안부 여시세존 여래유혜안

須菩提 於意云何 如來有法眼不 如是世尊 如來有法眼
수보리 어의운하 여래유법안부 여시세존 여래유법안

須菩提 於意云何 如來有佛眼不 如是世尊 如來有佛眼
수보리 어의운하 여래유불안부 여시세존 여래유불안

須菩提 於意云何 如恒河中所有沙 佛說是沙不
수보리 어의운하 여항하중소유사 불설시사부

如是世尊 如來說是沙
여시세존 여래설시사

須菩提 於意云何 如一恒河中所有沙 有如是等恒河

수보리 어의운하 여일항하중소유사 유여시등항하

是諸恒河所有沙數 佛世界 如是寧爲多不 甚多世尊

시제항하소유사수 불세계 여시영위다부 심다세존

佛告須菩提 爾所國土中所有衆生 若干種心 如來悉知

불고수보리 이소국토중소유중생 약간종심 여래실지

何以故 如來說 諸心 皆爲非心 是名爲心 所以者何

하이고 여래설 제심 개위비심 시명위심 소이자하

須菩提 過去心不可得 現在心不可得 未來心不可得

수보리 과거심불가득 현재심불가득 미래심불가득

"수보리야! 어떻게 생각하느냐? 여래는 육안(肉眼)이 있느냐?"

"그렇습니다. 세존이시여! 여래께서는 육안이 있습니다."

"수보리야! 어떻게 생각하느냐? 여래는 천안(天眼)이 있느냐?"

"그렇습니다. 세존이시여! 여래께서는 천안이 있습니다."

"수보리야! 어떻게 생각하느냐? 여래는 혜안(慧眼)이 있느냐?"

"그렇습니다. 세존이시여! 여래께서는 혜안이 있습니다."

"수보리야! 어떻게 생각하느냐? 여래는 법안(法眼)이 있느냐?"

"그렇습니다. 세존이시여! 여래께서는 법안이 있습니다."

"수보리야! 어떻게 생각하느냐? 여래는 불안(佛眼)이 있느냐?"

"그렇습니다. 세존이시여! 여래는 불안이 있습니다."

"수보리야! 어떻게 생각하느냐? 여래가 저 갠지스강의 모래에 대해서 말한 적이 있느냐?"

"그렇습니다. 세존이시여! 여래께서는 갠지스강의 모래에 대해서 말씀 하셨습니다."

"수보리야! 어떻게 생각하느냐? 저 갠지스강의 모래알 숫자만큼의 갠지스강들이 있고, 그 모든 갠지스강들의 모래알 숫자만큼의 부처님세계가 있다면, 이와 같은 불세계는 참으로 많지 않겠느냐?"

"그렇습니다. 세존이시여! 참으로 많습니다."

부처님께서 수보리에게 말씀하셨다.

"이렇게 많은 세계 속에 살고 있는 모든 중생들의 갖가지 마음들을 여래는 다 알고 있다. 왜냐하면 여래가 말하는 갖가지 마음은 모두 마음이 아니며 이름을 마음이라 하기 때문이다.

왜 그러한가? 수보리야! 과거의 마음도 얻을 수 없고 현재의 마음도 얻을 수 없으며 미래의 마음도 얻을 수 없기 때문이다."

【강설】육안(肉眼)부터 시작해서 천안(天眼), 혜안(慧眼), 법안(法眼), 불안(佛眼)이라는 여래의 다섯 가지 눈에 대한 문답이 이어진 후 갠

지스강의 모래 비유가 다시 등장한다. 갠지스강에 있는 모래알 수만큼의 갠지스강들이 있는데, 그 모든 갠지스강들의 모래알 수만큼 많은 불세계(佛世界)에 사는 모든 중생들의 가지가지 마음들을 여래는 다 알고 있다는 것이다. 경전을 볼 수 있는 안목이 없는 사람들은 이런 어마어마한 스토리를 읽으면 대개는 이런 생각들을 하게 된다. '우와, 깨닫고 나면 보통 사람들과는 달리 엄청난 신통력이 생기기 때문에 부처님은 언제, 어디서, 누가, 무슨 생각을 하는지 속속들이 다 들여다보고 모든 것을 다 아시는구나!'

이런 식의 이해는 문자에 속는 그야말로 맹신적인 우매한 해석이다. 그러나 금강경에 이렇게 나와 있으니 감히 누가 그것을 부정할 수 있겠는가? 수보리에게 "육안이 있느냐? 천안이 있느냐? 혜안이 있느냐? 법안이 있느냐? 불안이 있느냐?" 하나하나 짚어 가면서 묻고, 일일이 확답을 받았으니 전지전능한 여래의 오안이라는 것이 분명 있지 않느냐고 주장할 수밖에 없다. 그렇지만 경전의 의도를 모르면 말에 속게 된다. 부처님은 인간 석가모니 개체를 의미하는 것이 결코 아니다. 부처님은 통째로 하나인 천상천하 유아독존으로서의 불성 그 자체를 말하는 것이다. 근원에서 전체를 통째로 봐야 한다. 그렇지 못하면 개체적 존재에 초점이 맞춰지게 되고 그 순간 사이비 불교가 되는 것이다.

만약 어떤 사람이 대한민국에 사는 모든 사람들의 마음속 생각과 감정들을 전부 다 알게 된다면 그 사람은 아마 너무 괴로워서 미쳐 버릴 것이다. 하물며 삼천대천세계의 모든 것이 다 보이고, 모든 소리가 다 들리고, 모든 사건들이 다 인지된다면 그런 부처님은 어떤 심성으로 살아가게 될까?

어떤 사람은 선천적으로 타고난 기질 때문에 상대방의 마음을 엿볼 수 있는 경우가 간혹 있다. 서로의 뇌파가 연결되어 동조되면 그 순간 그런 일이 발생할 수 있는 것이다. 하지만 아무리 영험한 사람이라도 모든 사람들의 마음을 다 알 수는 없다. 특히나 깨달은 사람들에 대해서 그런 식으로 규정하고 받아들인다면 답답한 일이다. 의식 수준이 낮고 과학이 발달되지 않았던 옛날에나 주로 통용되던 것인데, 아직도 이런 미신이나 신화의 세계에 사로잡혀 벗어나지 못하는 경우가 의외로 많다.

대부분의 종교나 영성단체에서는 마음을 몸의 상위적 개념으로 이해한다. 그래서 마음이 몸을 움직이게 한다고 믿는다. 그러나 몸과 마음, 물질과 정신, 육체와 영혼 등등 어떻게 표현하더라도 이 둘은 서로 상대적 개념이지 어느 하나가 다른 것의 상위 존재가 될 수 없다. 이것은 예컨대 남자와 여자는 상대적 개념인데 과거에는 남자를 여자의 상위 존재로 착각했던 것과 같다.

현상세계의 상대성의 진리를 모르면 이처럼 우매한 생각을 하게 되어 있다. 절대가 현상세계로 드러날 때 의식이 되고, 그 의식이 존재가 될 때 상대성 원리에 의해 음양의 모습으로 나타난다. 따라서 사람도 음인 몸과 양인 마음이라는 복합체로 살아가게 되는 것이다. 기능적으로 볼 때는 의식이 마음을 통해서 생각하게 하고, 몸을 통해서 말하고 행동하게 한다. 그러므로 마음은 몸과 마찬가지로 자유의지를 가지고 무엇인가를 주재(主宰)할 수 있는 주체가 아니다. 몸과 마음은 의식이 드러나 펼쳐질 때 상대성 원리에 따라 조건적으로 규정된 연기적 개념일 뿐이다. 따라서 연기된 몸과 마음은 실체가 없는 것이다.

爾所國土中所有衆生(이소국토중소유중생) 若干種心(약간종심) 如來悉知(여래실지)

이렇게 많은 세계 속에 살고 있는 모든 중생들의 갖가지 마음들을 여래는 다 알고 있다.

중생들의 갖가지 마음을 다 안다는 것은 무슨 의미일까? 사람들은 자신들이 살아가는 이 세상을 다른 사람들도 자신들이 이해하는 방식과 똑같은 방식으로 이해하고 있다고 생각한다. 마찬가지로 부처님의 가르침을 따르는 불제자들은 부처님의 가르침을 각자 모두가 서로 똑같은 방식으로 이해해서 받아들일 거라고 믿는다. 그런데 그렇지 않다. 모두 다 제각각이다. 이 세상을 바라보는 관점도 제각각, 가르침을 받아들이는 것도 제각각이라서 똑같은 것은 하나도 없다.

그렇다면 존재하는 것들의 실상을 깨달은 사람들끼리는 똑같이 생각하고 느끼지 않을까? 아니다. 깨달음의 본질이 같은 것이지 깨달은 사람들도 각자 연기된 조건에 따라서 다 다르다. 만약 깨달은 사람들만큼은 서로 똑같아야 된다고 한다면 그들이 하는 생각과 말과 행동도 똑같아야 하고, 현상세계에서 살아가는 모습도 서로 똑같아야 한다. 그러나 현실은 그렇지 않다. 현상세계에는 똑같은 것이 단 하나도 없다. 일란성 쌍둥이도 똑같지 않다. 우리는 각각 다른 마음, 각각 다른 이해, 각각 다른 관점으로 살아간다.

모든 중생들의 갖가지 마음들을 다 알고 있는 여래는 개체로서의 석가모니가 아니다. 하나의 현상적 개체가 우주 안의 먼지 티끌까지 다 알 수는 없다. 깨달은 사람이 나, 여래, 부처라고 할 때는 절대로서의 참나를 의미하는데, 깨닫지 못한 사람이 그 말을 들으면 개체인 그 사람을 지칭한다고 착각하고는 그 개체에 초점을 둔다. 깨달은 스승에게는 이미 개체성이 없다. 그렇기 때문에 깨달은 스승이 "나"라고 말한다 할지라도 그것은 개체로서의 자기 자신을 지칭하는 것이 아니다. 분리된 관점에 빠져서 말에 속으면 안 된다.

過去心不可得(과거심불가득) 現在心不可得(현재심불가득) 未來心不可得(미래심불가득)

과거의 마음도 얻을 수 없고 현재의 마음도 얻을 수 없으며, 미래의 마음도 얻을 수 없다.

몽둥이로 제자들을 두들겨 패서 깨우침을 촉발시켰다는 당나라 때의 선승 덕산(德山, 782~865) 스님의 구도자 시절 에피소드가 얽힌 유명한 구절이다. 그런데 과거의 마음도 얻을 수 없고, 현재의 마음도 얻을 수 없고, 미래의 마음도 얻을 수 없다고 하는 것이 무슨 뜻일까?

마음이라고 하는 것은 이름이고, 개념이고, 규정일 뿐 실체가 없다. 과거·현재·미래라고 하는 시간이라는 것도 실체가 없다. 실체가 없는데 과거의 마음을 어떻게 얻고, 현재의 마음을 어떻게 얻고, 미래의 마음을 어떻게 얻을 수 있겠는가? 살아가면서 찰나 찰나 변하고 다양하게 펼쳐지는 마음의 모든 작용, 생각이라고 하는 것, 감정이라고 하는 것, 이 모든 것들은 결국 다 실체가 없고 연기되어 일어나는 현상일 뿐이다. 그런데 왜 그 실체 없는 생각과 감정에 매달려서 시비분별하고 애증 속에서 집착하고 고통스러워하는가?

시간과 공간이라는 것은 인식하기 위해서 어쩔 수 없이 개념으로 사용하는 것이다. 본래 있는 것이 아니다. 시간은 날아가는 화살처럼 하나의 일차원적 패턴을 가지고 흐른다고 규정해야만 그 시간성을 인식할 수 있다. 하나의 흐름처럼 일직선으로 과거에서 현재를 거쳐 미래로 흘러가는 어떤 것으로 느껴지고 있을 뿐 원래 시간이라는 것 자체가 없다. 시간이 인식하기 위해서 개념화시킨 것이라는 이런 설명을 듣자마자 곧바로 이해하고 받아들이기가 쉽지는 않겠지만, 최근 '루프 양자 중력 이론' 같은 첨단물리학 분야에서도 시공간은 관계성 속에서 도출된 개념이라는 가설을 주장하고 있다.

과거라고 하는 것은 우리들의 머릿속에 하나의 개념으로만 있다. 그러면 현재는 있을까? 현재라는 것도 개념이다. 현재가 있다면 그 시점을 정확하게 딱 붙잡을 수 있어야 한다. 그러나 현재라고 말을 하는 순간 이미 지나가 버린다. 내일이라는 것도 없다. 내일이 되면 그 내일은 더 이상 내일이 아니게 된다. 결국 모든 것이 사람들의 머릿속에서 만들어진 개념일 뿐이다. 실재하는 것이 아니라 우리가 인식하기 위해서 어쩔 수 없이 만들어 놓은 하나의 개념이다.

과거도 없고, 현재도 없고, 미래도 없다. 이것이 중도(中道)다. 무엇이라고 이름을 붙이든 그냥 이름만 있다. 그것을 찰나라고 이름 붙이면 찰나고 영원이라고 이름 붙이면 영원이다. 찰나가 영원이고 영원이 찰나다. 지금 이렇게 시간상으로 과거 · 현재 · 미래로 나열해 놓고 보니까 찰나는 짧은 것 같고 영원은 긴 것처럼 느껴질 뿐이다. 이 자체가 인간이 만들어 놓은 개념이다. 시간이라는 것은 원래 없다. 시간이라는 개념이 개입될 때 찰나는 짧고 영원은 길다고 개념화되는 것이다.

마음에서 일어나는 생각, 상호 소통을 위한 말, 몸을 통해서 일어나는 행위, 이 모든 것들은 실체가 없다. 그냥 현상만 있다. 그 현상은 누군가의 자유의지로 만들어지는 것이 아니라 연기 법칙에 의해서 조건과 조건 상호 간에 저절로 일어난다. 거기에는 어떤 고정불변의 독립된 정체성을 가지고 뭔가를 자의적으로 통제하거나 주재할 수 있는 개별적 주체로서의 어떤 자아도 들어갈 틈이 없다. 현상세계 전체가 통째로 절대 그 자체인데, 시간과 공간이라는 개념을 만들어 놓고 인식을 하니까 현상들이 서로 쌍방 간에 얽히고설키며 실제로 펼쳐지는 것처럼 보이는 것이다.

현상세계는 상대성의 적용을 받기 때문에 시간도 있고 공간도 있다. 시간과 공간이 개입된 상태에서 보는 것을 분리된 관점이라고 하고, 시간과 공간의 개념이 개입할 수 없는, 즉 모든 것을 통째로 보는 것을 전체적 관점이라고 한다. 과거의 마음도 얻을 수 없고, 현재의 마음도 얻을 수 없고, 미래의 마음도 얻을 수 없다는 가르침은 전체적 관점에서만 받아들여질 수 있다. 의식이 근원에서 전체를 보면 분리의식이 작동하지 않는다. 나니 너니, 이것이니 저것이니 하는 분리의식이 작동하지 않게 된다.

사람들이 고통받고 있는 이유를 보면 과거의 일에 매달리거나, 현재의 일에 매달리거나, 미래의 일에 매달려 있기 때문이다. 그런데 과거·현재·미래라는 것이 실체가 없다. 서양의 뉴에이지 영성가들 중에서 "지금 여기에 집중하라."라고 말하는 사람들이 종종 있다. 그 사람들은 과거도 없고, 미래도 없고, 오직 현재만 있다고 한다. 구도자들 중에 제법 똑똑한 체하는 사람들이 그런 말을 흉내 내기도 한다. 현상적으로는 현재에 집중해야 한다. 그러나 그것이 진리에 부합되는 말은 아니다. 현재가 어디에 있는가?

지금 여기는 그런 뜻이 아니다. 시간과 공간의 개념이 사라져 버린 전체성이 지금 여기다. 지금 여기는 과거 · 현재 · 미래와 동 · 서 · 남 · 북 · 상 · 하가 그 안에 다 들어 있는 동시성이다. 그러니 지금 여기 아닌 적이 없다. 보는 관점이 이렇게 다른 것이다. 분리된 의식으로 보면 어제나 내일, 저기나 거기는 지금 여기가 아니게 된다. 그렇지만 분리된 의식이 아닌 전체적인 관점으로 보면 어제든 오늘이든 내일이든, 동이든 서든 남이든 북이든 다 지금 여기다. 시간은 환상이다. 공간도 마찬가지로 환상이다. 시간과 공간은 동전의 양면처럼 뗄 수 없는 하나의 쌍으로 된 동시적 개념이기 때문이다.

진리에 대해서 말로 설명을 듣는다고 해서 곧바로 자기 것이 되지는 않는다. 그것은 이 세상 어느 누구도 마찬가지다. 하지만 우선 머리로라도 알고 있어야 한다. 머리로도 이해가 안 된다면 시작도 할 수 없기 때문이다. 머리로 들은 가르침을 가슴에 품고, 생활 속에서 검증해 나가야 한다. 불교에 자내증(自內證)이라는 말이 있다. 지금까지 전해 들은 이 가르침이 진짜 맞는 것인지 아닌지 스스로 확인해야 한다.

제19 법계통화분 法界通化分

: 걸림 없는 하나의 세계

須菩提 於意云何 若有人 滿三千大千世界七寶 以用布施
수보리 어의운하 약유인 만삼천대천세계칠보 이용보시

是人 以是因緣 得福多不 如是世尊 此人以是因緣 得福甚多
시인 이시인연 득복다부 여시세존 차인이시인연 득복심다

須菩提 若福德有實 如來不說得福德多 以福德無故
수보리 약복덕유실 여래불설득복덕다 이복덕무고

如來說得福德多
여래설득복덕다

"수보리야! 어떻게 생각하느냐?

만약 어떤 사람이 삼천대천세계를 칠보로 가득 채워 보시를 한다면 이
사람은 이러한 인연으로 얻을 수 있는 복이 많다고 하겠느냐?"

"그렇습니다. 세존이시여!

이 사람은 이러한 인연으로 얻을 수 있는 복이 참으로 많다고 하겠습니다."

"수보리야! 만약 복덕이라는 것이 실체가 있다면 여래는 결코 복덕을 얻음이 많다고 말하지 않았을 것이다. 복덕이라는 것은 실체가 없기 때문에 여래는 복덕을 얻음이 많다고 말하는 것이다."

【강설】 현상세계에는 그 어떤 것에도 실체가 없다는 말을 반복하고 있다. 이런 경우 보통 사람들은 '아무것도 없다는데, 보시할 필요도 없겠네?'라고 생각할 것이다. 그래서 진리는 알아들을 수 있는 귀가 있는 사람만 들을 수 있고, 알아볼 수 있는 눈을 가진 사람만 볼 수 있다고 하는 것이다. 그렇지 않으면 허무함 말고 더 얻을 것이 없다. 보통 사람들의 상식으로는 열심히 노력하고, 봉사하고, 보시를 하면 자기에게 그에 걸맞은 보상이 당연히 와야 되는데, 도대체 아무것도 없다고만 하니 난감해지는 것이다.

전국의 교회나 절에서는 지금도 열심히 하나님이나 부처님에게 복을 달라고 기도하고 있다. 물론 의식의 상태가 그런 것에 관심이 가는 사람들의 희망을 굳이 꺾을 필요는 없다. 그런 사람에게는 그것이 사는 낙이고 살아가는 힘이기 때문이다. 종교라는 것이 그런 역할을 하는 것도 분명 필요하다. 의식의 단계에 따라서 그런 것도 다 필요한 시절을 거쳐 가게 되어 있기 때문이다. 맹신이 됐든 무엇이 됐든, 하다못해 사이비 종교라 할지라도 그 모든 것들은 각기 자기 역할을 하고 있다. 그러나 진짜 진리가 무엇인지 궁금하다면 그런 의식 수준을 넘어서야 한다.

한 가지 재미있는 사실은 인간의 의식은 스스로도 속일 수 있다는 것이다. 그래서 진리 공부를 하면서도 스스로까지 속이는 경우가 있다. 무아의 가르침을 온전히 이해하는 척하며 남 앞에서 설명도 그럴싸하게 잘할 수 있다. 그렇게 자신까지도 속이는 연극을 하다가 감당할 수 없는 일을 당하면 순식간에 종이배 뒤집어지듯 넘어진다. 제법 공부가 되었다고 하는 사람들조차 개체의식이 더 이상 감당할 수 없는 일이 생기면 가르침의 근본을 잊어버리고 시비분별의 세계 속에서 다시 허우적거리게 된다.

얻을 수 있는 보상 같은 것은 없다. 무언가 되돌려받기 위해서 보시를 하거나 앞으로 더 잘되기 위해서 좋은 일을 하는 것이 아니라, 그냥 무주상(無住相)으로 보시를 하고 그냥 대가 없이 좋은 일을 했을 때 그것이 바로 무아 공덕이다. 무아 공덕이야말로 이 세상 그 어떤 것도 이것을 능가할 수 없는 불가사의 공덕이다.

진정으로 그렇게 의식이 순수했을 때 비로소 이 세상 무엇으로도 감히 견줄 수 없는 공덕이 된다. 현상적으로는 보상받을 것이 실제로 아무것도 없다는 사실을 알고도 진리에 진심을 다해 전부를 걸 수 있는 사람이 되어야 한다. 그런데 과연 실제로 그렇게 하는 사람이 몇 명이나 될까? 보통의 구도자들은 '깨달으면 뭔가 보상받는 것이 있을 거야. 아무리 그래도 그렇지, 뭔가 하나라도 반드시 있을 거야.'라고 생각하며 결코 기대와 희망을 놓으려 하지 않는다.

금강경에서는 지금 정말로 아무것도 얻을 것이 없다고 끊임없이 깨우쳐 주고 있다. 뭔가 얻을 것이 있을 것이라는 기대와 욕심이 계속 일어나는 것은 기존의 종교가 만들어 낸 환상 때문이다. 종교는 그런 희망을 주어야 조직도 돌아가고 포교도 가능하다. 어떤 방식으로든 아무런 보상이 없다고 하면 누가 헌금을 내고 어느 누가 시주를 하겠는가? '무아=연기'를 정말로 가슴에 품은 채 살고 싶으면 적어도 금강경의 가르침을 믿고 받아들일 만큼 준비가 되어야 한다.

석가모니 부처님이 가르치신 팔정도의 첫 번째가 정견(正見)이다. 여덟 가지 올바른 수행법 중 하필이면 왜 정견이 맨 앞에 나와 있는 것일까? 옷을 입을 때도 첫 단추를 잘 채워야 한다. 첫 단추를 잘못 채우기 시작하면 그다음부터는 아무리 신중하게 다 채워도 전체가 삐뚤어지게 된다. 정견은 바르게 보는 것, 바르게 이해하는 것이다. 정견은 바른 관점이라고도 말할 수 있다.

법화경(法華經)에서는 정견에 대해 여실지견(如實知見)이라고 했다. 우리말로 풀면 있는 그대로 보라는 것이다. 그러면 어떻게 보는 것이 있는 그대로 보는 것일까? 진실을 진실로 보고 거짓을 거짓으로 보는 것, 그것이 있는 그대로 보는 것이다. 그러나 그것이 그렇게 만만치가 않다. 왜냐하면 드러난 현상을 실제라고 믿게 되면 거짓을 진실로 보는 착각을 하게 되기 때문이다.

있는 그대로 보라는 것은 과학자들이 탐구하듯이 드러난 현상을 객관적으로 보라는 것이 아니다. 드러난 것이 그대로 진리라면 구태여 정견이라는 말이 나올 필요가 없었을 것이다. 있는 그대로 보라는 것은 드러난 현상에 속지 말고 감추어진 진실을 보라는 것이다. 올바른 관점, 곧 무아의 관점을 터득해야 한다.

以福德無故(이복덕무고) **如來說得福德多**(여래설득복덕다)

무아의 관점이 받아들여져서 체득될 때 "복덕이라는 것은 실체가 없기 때문에 여래는 복덕을 얻음이 많다고 말하는 것이다."라고 하는 금강경 19장 법계통화(法界通化), 즉 유(有)와 무(無)의 양변(兩邊)을 떠나 걸림 없는 하나의 진리의 세계에 대한 가르침이 구도자의 가슴에 와 닿을 수 있게 될 것이다.

제20 이색이상분離色離相分

: 색과 상을 여림

須菩提 於意云何 佛可以具足色身見不 不也世尊
수 보 리 어 의 운 하 불 가 이 구 족 색 신 견 부 불 야 세 존

如來不應以具足色身見 何以故 如來說具足色身
여 래 불 응 이 구 족 색 신 견 하 이 고 여 래 설 구 족 색 신

卽非具足色身 是名具足色身 須菩提 於意云何
즉 비 구 족 색 신 시 명 구 족 색 신 수 보 리 어 의 운 하

如來可以具足諸相見不 不也世尊 如來不應以具足諸相見
여 래 가 이 구 족 제 상 견 부 불 야 세 존 여 래 불 응 이 구 족 제 상 견

何以故 如來說諸相具足 卽非具足 是名諸相具足
하 이 고 여 래 설 제 상 구 족 즉 비 구 족 시 명 제 상 구 족

"수보리야! 어떻게 생각하느냐?

부처를 잘 갖춰진 육신의 모습으로 볼 수 있느냐?"

"아닙니다. 세존이시여!

결코 여래를 잘 갖춰진 육신의 모습으로 볼 수 없습니다. 왜냐하면 여래께서 말씀하신 잘 갖춰진 육신이라는 것은 곧 실체로서의 잘 갖춰진 육신이 아니며 그것을 잘 갖춰진 육신이라 이름하기 때문입니다."

"수보리야! 어떻게 생각하느냐?

여래를 거룩한 상호를 갖춘 모습으로 볼 수 있느냐?"

"아닙니다. 세존이시여!

결코 여래를 거룩한 상호를 갖춘 모습으로 볼 수 없습니다. 왜냐하면 여래께서 말씀하신 거룩한 상호를 갖춘 모습이라는 것은 실체로서의 갖춰짐이 아니며 거룩한 상호를 갖춘 모습이라 이름하기 때문입니다."

【강설】 금강경을 21세기에 와서도 많은 사람들이 읽어야 하는 이유는 그 안에 담겨 있는 참된 가르침의 본질은 시대가 흘러도 변함이 없기 때문이다. 다만 주의해야 할 점은 팔만대장경은 모두 부처님 말씀이니 금강경도 글자 하나라도 빼먹고 보아서는 안 되며, 역대 고승들이 주석을 달아 놓은 것에는 감히 이의를 달면 안 된다는 식으로 금강경을 읽어서는 안 된다는 것이다. 지금 살아서 움직이는 말씀이 되지

못하고 과거의 박제된 해석에 머무는 것이라면 무슨 의미가 있겠는가? 그런데 제대로 된 안목이 없는 중생들의 입장에서는 경전에 담긴 참된 가르침의 본질을 제대로 알아보기가 무척 어렵다.

부처님은 나와 너, 부처와 중생이라는 것은 분별된 상(相)일 뿐 본래 그런 것은 없다고 가르치셨다. 이것저것 따로 나누어서 실체라고 할 만한 것은 이 세상에 아무것도 없고, 석가모니조차도 실체가 아니라고 하셨다. 그런데 후대에 종교화되면서 석가모니는 깨달으신 분이니까 32상(相)이라는 서른두 가지 거룩한 대장부의 모습과 80종호(種好)라는 잘 갖춰진 팔십 가지 신체적 특징을 몸에 지니고 계셨고, 육신통과 오안(五眼)을 갖추고 계셔서 알지 못하는 것이 없었다는 식으로 신비화돼서 맹신과 기복에 초점이 맞추어진 이야기들이 계속 전해져 내려왔다.

석가모니 부처님은 생존 당시 정말로 32상과 80종호를 갖추고 사셨을까? 이런 것들은 그냥 부처님을 높이 공경하고자 하는 뜻에서 나온 이야기일 뿐인데, 세월이 흐르면서 안목이 없는 사람들에 의해 점점 신격화된 것이다. 석가모니 부처님은 이 세상 모든 것들은 실체가 없고, 그 어디에도 주체라고 할 만한 것이 없다는 '무아=연기'를 일생 동안 가르치다가 돌아가셨다.

이제 부처님이 돌아가신 지 700년이나 더 지난 시점에서 금강경은 새로운 깃발을 세우고 부처님의 본래 참뜻을 되살려 내는 가르침을 주고 있는 것이다. 20장에서 금강경은 부처나 여래를 색신(色身)과 제상(諸相)을 구족한 어떤 거룩한 존재로 여겨서는 안 된다고 가르친다. 깨달은 부처님을 육신으로 보지 말라고, 개체성으로 여기지 말라고 계속해서 강조한다.

깨달음이 드러나는 것도 개체의 깨달음으로 드러나는 것이 아니다. 그렇다면 2500여 년 전 석가모니에게서 드러난 깨달음은 석가모니 개체의 깨달음이 아니라 우리 모두의 깨달음이다. 신라 시대 의상(義相, 625~702) 대사의 법성게(法性偈)에 '일미진중함시방(一微塵中含十方)'이라는 말이 있다. 먼지 하나조차도 전 우주의 연기(緣起) 작용에 의해서 존재한다는 것이다. 하물며 절대의 깨달음이 드러나는 엄청난 대사건이 한 사람의 노력과 의지로 일어날 수 있겠는가? 깨달음은 개인의 것이 아니다. 과거·현재·미래를 통틀어서 이 우주현상계 전체가 지금 여기에 연기(緣起)되어 드러난 사건이다.

불교에서 '무아=연기'를 말하지만 그 뜻을 제대로 이해하기란 결코 쉽지 않다. 보통 사람들뿐만 아니라 전문 수행자들도 선뜻 알아차리기 어려운 굉장히 중요한 관점의 차이가 있기 때문이다. 무아를 가르치는 불교에서조차도 이 몸과 마음으로 쌓은 업에 따라 다시 윤회를 하게 된다고 말하고 있다. 그 말속에는 주체로서의 나라는 인식이 무의식적으로 부지불식간에 그대로 들어가 있는 것이다. 자유의지를 가진 나의 행위에 의해 선업과 악업이 결정되고, 그 업에 의해 다음 생에 그 업의 과보를 받는, 비록 모습은 달라져도 동일한 나의 또 다른 삶이 계속 된다고 믿고 있는 것이다. 결국 개체적 자아가 주체이고,

이 주체의 동일성이 다음 생에도 계속 이어진다고 보는 것이다. 그런 의식 수준으로는 부처님의 깨달음인 '무아=연기'를 받아들이기가 매우 어렵다.

'무아=연기'란 이 현상세계 안에서는 그 어떤 존재도 자기 홀로 존재할 수 없고, 그 존재는 반드시 다른 대상에 의존해서 존재하기 때문에 이 몸과 마음도 주체적 존재가 아니라 연기적 존재이며, 따라서 연기적 존재는 실체가 없는 허상이라는 것이다. 그러므로 이 몸과 마음이 내가 아니라는 무아를 깨달으려면 반드시 연기 법칙을 깨달아야 한다. 이 몸과 마음이 실체도 없으며 주체도 없는 이유는 연기적 존재이기 때문이다. 그러면 어떻게 그 연기 법칙을 깨달을 수 있을까? 이 현상세계를 분리된 관점에서 자기 자신의 틀로 보지 말고, 있는 그대로 근원에서 전체를 통째로 볼 때 그것이 가능하다.

미얀마 같은 나라를 가 보면 많은 출가 · 재가 수행자들이 석가모니의 '무아=연기'가 설해져 있는 팔리어 경전을 통해 '무아=연기'의 가르침을 배우고, 위빠사나 명상을 통해 있는 그대로 관찰하는 수행을 한다. 그런데 이 위빠사나를 에고, 즉 개체인 내가 하고 있다. 개체의 윤회를 철석같이 믿으면서, 알아차림을 개체인 에고가 하고 있는 것이다. 그렇게 해서는 평생 아니라 천 년을 해도 '무아=연기'는 결코 깨달을 수 없다. 어떻게 보면 코미디고, 어떻게 보면 너무나 안타까운 일이다. 나라는 틀 없이 전체를 통째로 봐야 하는데, 모든 것을 분리된 관점에서 보고 있다. 나라고 하는 조그마한 개아(個我)의 틀에서 모든 것을 보면 전체성의 절대는 결코 짐작도 할 수 없다.

석가모니는 이 세상 모든 것들은 연기(緣起) 되어서, 즉 하나도 예외 없이 조건 지어져서 존재한다고 했다. 세상에 태어나 살아가는 동안 사람들은 각자의 의식 수준에서 조건 지어져 제각각 틀이 씌워진다. 작게는 좁쌀만큼 옹졸한 의식 수준도 있고, 크게는 우주만큼 넉넉한 의식 수준도 있을 것이다. 우주만큼의 의식 수준이라 할지라도 우주라는 조건에서 벗어날 수 없다. 그렇기 때문에 이 개체는 목숨 걸고 수행해서 구족색신(具足色身) 구족제상(具足諸相), 즉 잘 갖춰진 몸과 거룩한 상호를 성취하고 위대한 경지에 오른다 해도 우주라는 그 조건을 벗어날 수 없다. 그러므로 그 개체적 속박의 틀을 부수고 참나인 절대를 깨달을 수 있는 유일한 길은 '무아=연기'를 깨닫는 것이다. 조건 지어진 나라고 하는 이 근본적인 한계를 넘어서야 한다. '무아=연기'의 깨달음은 우주만큼의 틀조차도 없어야 가능하다.

철저하게 개체로서의 나라는 것이 없다는 것을 깨달아야 한다. 그런데 애초부터 이 몸과 마음이 나라는 착각을 계속 붙들고서 수행을 하면 설령 백 년, 천 년을 아무리 노력해도 안 되는 것이다. 이 점을 제대로 간파하느냐 못 하느냐가 현상적으로 깨달음이 드러날 수 있는지 없는지를 결정짓는 가장 중요한 열쇠가 된다. 처음 한두 걸음 잘못 디디는 것이 별것 아닌 것 같지만, 방향이 잘못되면 아무리 애를 써도 안 된다. 육신이란 곧 실체로서의 육신이 아니다. 그러므로 다만 그것을 육신이라고 이름 부르는 것이다. 나라는 것은 실체로서의 내가 아니다. 다만 나라고 개념 지어져 이름이 불릴 뿐이다.

이 몸과 마음에 대해 털끝만큼이라도 미련과 집착이 남아 있으면 착각에서 깨어날 수 없다. 주인 노릇을 하는 나라는 개체는 실체 없는 허상이라는 것, 나라는 것은 본래 없음을 깨닫는 것이 제대로 된 진리의 길이다. 비록 깨닫는다고 해도 현상적으로는 아무것도 얻을 것이 없지만 오직 그것만을 향해 가는 것이 순수고, 금강경에서 말하는 선남자이고 선여인이며 보살이다.

'무아=연기'의 깨달음을 현실적으로 위대한 사람이 되는 것으로 생각하는 것은 큰 착각이다. 수행을 잘 하면 겸손한 사람, 신통방통한 사람, 흔들림 없는 여여한 사람이 되는 것도 아니다. 오직 이 몸과 마음이 나라는 착각이 사라져 버리는 것이다. '무아=연기'의 깨달음은 이 몸과 마음을 열심히 갈고닦아서 나를 없애는 것이 아니다. 나라는 것이 본래 없다는 사실을 깨닫는 것이다.

제21 비설소설분 非說所說分

: 설함도 설한 바도 없음

須菩提 汝勿謂如來作是念 我當有所說法 莫作是念
수보리 여물위여래작시념 아당유소설법 막작시념

何以故 若人言 如來有所說法 卽爲謗佛 不能解我所說故
하이고 약인언 여래유소설법 즉위방불 불능해아소설고

須菩提 說法者 無法可說 是名說法 爾時 慧命須菩提
수보리 설법자 무법가설 시명설법 이시 혜명수보리

白佛言 世尊 頗有衆生 於未來世 聞說是法 生信心不
백불언 세존 파유중생 어미래세 문설시법 생신심부

佛言 須菩提 彼非衆生 非不衆生 何以故 須菩提
불언 수보리 피비중생 비불중생 하이고 수보리

衆生衆生者 如來說非衆生 是名衆生
중생중생자 여래설비중생 시명중생

"수보리야! 너는 여래가 '나는 마땅히 법을 설한 바가 있다.'라는 생각을 한다고 말하지 말라. 그런 생각은 하지도 말라. 왜냐하면 만약 어떤 사람이 '여래께서는 법을 설한 바가 있다.'라고 말한다면 그는 내가 설한 바의 뜻을 이해하지 못했을 뿐만 아니라 오히려 부처를 비방하는 것이 되기 때문이다.

수보리야! 법을 설한다는 것은 설할 수 있는 법이 본래 없는 것이며, 법을 설한다고 이름하는 것이다."

이때 지혜를 으뜸으로 하는 혜명(慧命) 수보리가 부처님께 여쭈었다.

"세존이시여! 미래의 세상에서도 이런 법의 설함을 듣고 믿음을 낼 중생들이 있겠습니까?"

부처님께서 말씀하셨다.

"수보리야! 그들은 중생도 아니고 중생이 아닌 것도 아니다.

어째서 그러한가?

수보리야! 여래는 중생이라는 것이 실체로서의 중생이 아니고 단지 그 이름이 중생이라고 설하느니라."

【강설】 우리는 보통 경전을 읽을 때 "이것은 부처님의 말씀이다. 부

처님의 가르침이다."라고 생각한다. 그런데 21장에서 부처님은 수보리에게 "어떤 사람이 여래는 법을 설한 바가 있다고 말한다면 설한 바의 참뜻을 이해하지 못했을 뿐만 아니라 오히려 비방하는 것이 된다."라고 강한 어조로 말하고 있다.

어떤 개체적 존재가 자신의 능력을 발휘해서 깨달음을 얻고, 그 깨달음의 내용을 사람들에게 가르치는 것이 아니라는 말이다. 만약 누군가 그렇게 생각해서 불경(佛經)이라는 것은 석가모니라는 개인이 부처가 돼서 중생들에게 가르침을 설한 것이라고 말한다면, 그것은 진리를 설한 참뜻을 전혀 알아듣지 못한 것이며 오히려 가르침을 전한 여래를 욕보이는 것이다. 개체일 수 없는 부처를 개체화시키고, 실체일 수 없는 가르침을 진리 말씀이라고 실체화시켰기 때문이다.

오늘날 각 종교 단체에서 신앙하는 모습들을 보면 불교인들은 부처님을 욕보이고, 기독교인들은 예수님을 욕보이고 있다. 열심히 찬양하고 예경 하지만 그것은 근본적인 오해에서 비롯된 맹신에 불과하다. 부처님의 깨달음, 부처님의 가르침은 '무아=연기'다. 부처님을 하나의 위대한 완성자로, 어떤 최상의 깨달음을 성취한 거룩한 성자로 믿고 받들고 있다면, 그것은 오히려 부처님을 사이비 교주로 만들고 있는 것밖에는 안 된다.

그러므로 가르친 뜻을 이해하지 못했을 뿐 아니라 오히려 여래를 비방하는 것이라고 아주 강한 어조로 염려를 표함으로써 진리의 길을 가는 구도자들에게 주의를 당부하고 있는 것이다. 무지하고 맹목적인 믿음은 진실을 왜곡하고, 부처님을 우상화하고, 예수님을 신비화해서 결국 사람들을 광신도로 만든다. 진리의 길을 가는 사람들은 그렇게 되지 않도록 항상 경계해야 한다.

說法者(설법자) **無法可說**(무법가설) **是名說法**(시명설법)

법을 설한다는 것은 설할 수 있는 법이 본래 없는 것이며, 법을 설한다고 이름하는 것이다.

부처님이 진리를 가르치셨다고 했을 때는 부처님이 깨달아서 가르칠 수 있는 진리라는 것이 따로 있어서, 다른 것은 모두 허상이고 거짓이고 부처님이 가르치신 것만 진리라는 뜻이 아니다. 진리라고 할 특별한 그 무엇이 본래부터 없다는 설명이다. 그런 특별한 것은 없다. 모두 허상이고 다 가짜인데 이것 하나만은 진리이고, 이 소중한 진리를 부처님께서 특별히 우리에게 가르쳐 주셨다고 생각한다면 잘못이다.

진리는 따로 있는 것이 아니다. 그냥 현상적으로 우리는 그것을 법이라고 이름 부르고, 부처라고 이름 부를 뿐이다. 왜냐하면 이 현상세계에는 독립된 실체라고 할 만한 것이 아무것도 없기 때문이다. 만약 진리라고 할 것이 있다면 현상세계가 통째로 진리인 것이고, 부처라고 불려야 하는 존재가 있다면 현상계 전체가 부처다. 하물며 깨달은 부처를 하나의 독립된 존재로 착각하면 안 된다. 진리가 어디에 따로 있는 것이 아니라 우주현상계가 통째로 진리 그 자체다. 부처가 따로 있는 것이 아니라 그냥 통째로 본래 부처다.

"세존이시여! 미래의 세상에서도 이런 법의 설함을 듣고 믿음을 낼 중생들이 있겠습니까?"

"수보리야! 그들은 중생도 아니고 중생이 아닌 것도 아니다. 어째서 그러한가? 수보리야! 여래는 중생이라는 것이 실체로서의 중생이 아니고 단지 그 이름이 중생이라고 설하느니라."

앞서 6장 정신희유(正信希有)에서도 수보리가 똑같은 질문을 했는데 부처님 대답의 초점이 이번에는 다르다. 어찌 보면 부처님이 동문서답을 하고 있는 것처럼 보인다. 수보리는 믿음에 초점을 두고 물었는데, 부처님은 거기에 대한 답은 안 하시고 이번에는 중생이라는 단어에 초점을 두어 설명하신다. 과연 믿을지 믿지 않을지에 대해서는 앞에서 설명했기 때문에 이번에는 관점을 달리해서 중생에 대해 말씀하신다. 금강경은 똑같은 말들이 계속 반복되는 것 같아도 조금씩 방향을 틀면서, '무아=연기'라는 하나의 주제를 다양한 각도에서 조명하면서 갖가지 착각된 상(相)들을 하나하나 벼락을 치면서 부숴 나간다.

부처님은 중생이라는 것에 대해서 금강경의 공식이라고 할 "중생,

즉비 중생, 시명 중생"으로 방향을 틀어서 '무아=연기'를 반복해서 강조하신다. 중생은 사전적으로는 아직 깨닫지 못한 사람들을 일컫는다. 그런데 여기에서는 중생이라는 개념에 대해 진리적 관점에서 명확하게 정의 내리고 있다. 그들을 중생이라고 해서도 안 되고 중생이 아니라고 해서도 안 된다는 것이다. 왜냐하면 중생이란 실체로서의 중생이 아니라 다만 그 이름이 중생이기 때문이다.

현상세계에서는 모든 것들이 실체가 없는 연기된 것들이지만 설명하고 표현하기 위해서는 어쩔 수 없이 중생이라는 말을 쓸 수밖에 없다. 왜 그럴까? 이름은 의사소통을 위한 언어적 개념이기 때문이다. 예를 들어 깨달은 스승들이 부처나 여래라고 말할 때 그것을 실체로서의 부처나 실체로서의 여래라고 착각을 하면 안 된다. 이런 것들은 현상세계에서 부르기 위해 단지 이름이 붙여진 개념일 뿐이다.

시명(是名)! 이름이 중생이고 이름이 부처일 뿐이지 진짜로 부처고 진짜로 중생이 아니다. 이것이 바로 중생이라고 해도 안 되고 중생이 아니라고 해도 안 된다고 말한 이유이다. 법(法)이니 설법(說法)이니 하는 것도 마찬가지다. 개념을 배우고 개념을 정리하는 것은 그 개념을 부수기 위해서다. 그러니 결국 헛고생이라고 생각할 수도 있다. 본래 있지도 않은 나를 가지고 무아니 참나니 씨름을 하고 있으니, 어찌 보면 헛고생인 것은 맞다. 상대세계의 언어적 개념으로 본래성품인 절대를 직접 설명할 수는 없지만 근원에서 말하고 근원에서 듣는다면 그대로 뜻이 통할 수 있다. 말하는 자와 듣는 자가 빠져 버리면, 말이라는 언어의 한계에도 불구하고 애초에 전달하고자 했던 목적이 달성될 수 있다.

제22 무법가득분無法可得分

: 얻을 수 있는 진리는 없음

須菩提白佛言 世尊 佛得阿耨多羅三藐三菩提 爲無所得耶
수보리백불언 세존 불득아뇩다라삼먁삼보리 위무소득야

如是如是 須菩提 我於阿耨多羅三藐三菩提 乃至無有少法可得
여시여시 수보리 아어아뇩다라삼먁삼보리 내지무유소법가득

是名阿耨多羅三藐三菩提
시명아뇩다라삼먁삼보리

수보리가 부처님께 말씀드렸다.

"세존이시여!

부처님께서 아뇩다라삼먁삼보리를 얻었다는 것은 얻으신 바가 없는 것입니까?"

"참으로 그렇다. 수보리야!

여래는 아뇩다라삼먁삼보리에 대해서는 얻을 수 있는 진리가 조금이

라도 있을 수 없음에 이르렀기에 이것을 아뇩다라삼먁삼보리라고 이름
하는 것이다."

【강설】앞장에서는 중생이라는 것이 따로 있는 것이 아니라는 설명
을 하고, 여기서는 아뇩다라삼먁삼보리의 실체를 밝혀 주고 있다. 그
런데 금강경에서는 석가모니가 보리수 아래에서 깨달았다는 아뇩다
라삼먁삼보리, 즉 더 이상 위없는 완전한 깨달음에 대해서 '무유소법
가득(無有少法可得)', 즉 얻을 수 있는 진리가 조금도 있을 수 없다고
한다. 석가모니가 집을 떠나 6년 동안 목숨 걸고 수행해서 드디어 아
뇩다라삼먁삼보리라는 깨달음을 얻었는데 깨달은 개체로서의 내가
없다는 무아를 깨달았을 뿐만 아니라 깨달음이라는 것도 본래 없다는
것을 깨달았다는 것이다.

　세상에는 깨달았다는 사람들이 제법 많이 있다. 그런데 그 사람들
의 말을 가만히 들어 보면 개체인 자기가 깨달았다고 하는 경우가 대
부분이다. "명상 수행을 하다가 생각이나 감정 또는 감각 등이 끊어지
는 고요한 상태를 경험하게 되면 이것이 바로 본래성품이다. 이것이
바로 구경각이다."라고 하면서 불경에 나오는 깨달음과 관련되는 온
갖 단어들을 그 상태에 갖다 붙인다. 그런데 정작 가장 중요한 "그 체
험을 누가 했느냐?"라는 것은 간과한다. 깨달음이 '무아=연기'라는 것

을 모르기 때문에, 깨달음이라고 할 것조차 없다는 것을 모르기 때문에 용맹 정진하여 선정삼매에 들어 평소와는 다른 체험을 하게 되면 그것을 깨달음이라고 생각하고 자기 자신이 깨달았다고 착각한다.

불교, 특히 간화선 수행전통에서는 이런 착각 도인들을 걸러내기 위해서 화두참구를 할 때 동정일여, 몽중일여, 오매일여를 공부의 점검 기준으로 삼는다. 그중 오매일여는 깨달음을 점검하는 최후의 관문으로 여긴다. 중국의 유명한 선승인 설암(雪巖, 1214~1287) 스님과 제자인 고봉(高峰, 1238~1295) 스님 간에 있었던 문답이다.

"낮에 분주하게 깨어 있을 때도 한결같으냐?"
"예, 한결같습니다."
"그러면 꿈속에서도 한결같으냐?"
"예, 한결같습니다."
"그러면 잠이 푹 들어서 꿈조차 없을 때도 한결같으냐?"

스승의 마지막 질문에 고봉은 답을 하지 못했다. 깨어 있을 때와 꿈을 꿀 때는 의식이 있는 상태라서 화두를 놓치지 않지만 깊은 잠에 빠져 아무것도 인식되지 않는 상태에서는 어떻게 할 수가 없었던 것이다. 이런 문답을 오해한 구도자들은 오매일여가 되어야 한다면서 깊은 잠에 빠지지 않으려고 자리에 눕지 않는 장좌불와(長坐不臥)를 해 보기도 하고, 자면서도 계속 화두를 놓지 않으려고 몇 날 며칠 동안 불면의 나날을 보내기도 한다.

오매일여는 개체인 이 몸과 마음이 열심히 도를 닦아서 잠에 들어서도 성성(惺惺)하게 깨어 있는 것이 아니다. 참나인 절대가 행주좌와(行住坐臥) 어묵동정(語默動靜)에 자나 깨나 한결같은 것이지, 조건 지어진 개체적 자아가 어떻게 한결같을 수 있겠는가? 오매일여는 절대의 속성이다. 절대는 본래 있는 그대로이기 때문에 오매일여의 상태를 얻으려고 조금도 노력할 필요가 없다. 깨달은 사람만이 아니라 모두가 본래 절대이기 때문에 깨어 있거나, 꿈을 꾸고 있거나, 깊은 잠에 빠져 있거나 항상 한결같다.

절대는 어떤 특정한 상태가 아니다. 절대라고 하는 전체성 안에서 깨어 있기도 하고 꿈을 꾸기도 하고 깊은 잠에 빠져 있기도 하는 것이지, 절대 그 자체는 변함이 없다. 어떤 상태든 변함없이 절대다. 그것이 오매일여다. 오매일여는 노력해서 얻는 것이 아니라 지금 이대로 본래 오매일여인 것이다. 구도자들은 생각하고 말하고 행동하는 모든 것을 내가 하고 있다고 평생 동안 착각하고 살아왔으니 깨달음도 개체인 내가 이루려고 한다. 이 현상세계에는 깨닫거나 성불할 수 있는 독립된 주체가 없다.

지금 금강경에서는 아뇩다라삼먁삼보리조차도 실체가 아닌 '시명 아뇩다라삼먁삼보리'라고 말한다. 실제로 있는 것은 아무것도 없다. 그러므로 그 어떤 것에도 속으면 안 되고 그 어떤 것도 붙들면 안 된다. 불교나 기독교에서는 자비나 사랑을 실천해야 한다고 주장한다.

세상을 살면서 이웃에게 사랑을 실천하고 자비를 베푸는 것은 좋은 일이다. 그러나 그것에 붙잡혀서 머물게 되면 착각에 빠지는 것이다.

붙든다는 것은 실재하지 않는 것을 실체화시키는 것이다. 실체가 없는 것은 사실 붙잡을 수도 없다. 실체가 없는 것을 "진리는 사랑이다. 하느님은 사랑이시다."라고 실체화해서 자비를 강조하고 사랑을 강조하면 속게 된다. 현상세계에서 선과 악은 분리될 수 없는 하나의 쌍이다. 삶 속에서 사랑과 자비는 분명히 중요한 덕목이지만 그 어떤 것도 진리 그 자체는 아니다.

우주 현상계는 특별한 목적이 없다. 그냥 그렇게 흘러갈 뿐이다. 이 우주가 이렇게 흘러가는 데에 어떤 의도나 이유가 있는지 아무리 밝혀 보려고 해도 도무지 그런 것이 없다. 세상과 삶에 의미를 부여하고 이유를 붙이는 것은 착각된 개체의식이 그렇게 하는 것이다. 목적도, 이유도, 의미도, 아무것도 없다. 그냥 존재할 뿐이다. 우주 전체가 그냥 이렇게 존재하는데 지구 위에 발 딛고 사는 인간만이 그냥 있는 그대로 존재하지 못하고 우주가 왜 존재하는지, 삶의 목적이 무엇인지 따지면서 고민하고 있다. 이런 엄정한 있는 그대로의 가르침은 아직 준비가 안 된 사람들이 들으면 굉장히 불편할 것이다. 지금 허무주의나 염세주의를 이야기하고 있는 것이 아니다. 있는 그대로의 진실이 무엇인지를 제대로 깨달아야 한다.

노벨평화상을 받은 테레사(Theresa, 1910~1997) 수녀는 어린 나이에 수녀가 되어 인도의 행려병자들을 보살피는 일을 했다. 하느님의 일꾼으로 살려고 수녀가 됐고, 그런 숭고한 뜻을 실현하기 위해 전혀 알지도 못하는 사람들을 위해 평생 동안 봉사하였다. 그런 테레사 수녀도 말년에는 "나는 아직도 하느님을 만나지 못했습니다."라고 고백했다고 한다. 우리나라의 김수환(1922~2009) 추기경도 책상 위에 "나는 누구인가?"라는 글귀를 항상 적어 놓고 사셨다고 한다. 그분들이 종교인으로서 성스러운 삶을 살기는 하였지만, 정작 본인들 가슴에 품고 있던 근본적인 의문은 풀지 못했던 것이다.

평생을 헌신하면서 살았는데도 진리가 무엇인지 모르고 살 수밖에 없었던 것은 종교라는 견고한 관념의 틀 속에 겹겹이 둘러싸여 있었기 때문이다. 살아오면서 쌓아 놓은 철옹성 같은 수많은 상(相), 그 관념의 틀들을 다 부숴야 한다. 그래야 진리가 들어올 수 있는 여지가 생긴다. 그렇지 않으면 "이번 생에는 다 마치지 못했으니, 다음 생에는 반드시 해내겠다."라고 하면서 죽는 순간까지도 착각 속에서 헤매게 되는 것이다. 그러니 어디를 향해 가야 할지 우선 방향이라도 제대로 잡을 수 있는 바른 이해가 필요하다.

절대라고 하는 것은 현상적으로 이렇다 저렇다 말할 수 있는 것이 아니다. 표현할 수도 없고 표현될 수도 없다. 그러니 우리가 접근할 수 있는 유일한 방법은 이 현상세계를 통해서다. 드러난 것으로부터 해결의 실마리를 찾을 수밖에 없다. 다행인 것은 드러나 있는 현상 속에 진리가 온전히 들어 있다는 사실이다. 그것이 바로 연기(緣起) 법칙이다. 그런데 이 연기법은 쌍생(雙生) 쌍멸(雙滅)로 작용한다. 따라서 연기 법칙을 온전히 이해하려면 동시성을 이해해야 한다.

현상세계의 모든 것들은 동시에 드러나고 동시에 사라진다. 드러난 현상세계 안에서 인식하기 위해서는 예컨대 '누가, 언제, 어디서, 무엇을, 어떻게, 왜'라는 개념을 만들어 놓고 이것들이 마치 별개인 것처럼 설정해야 한다. 우리가 무언가를 인식하기 위해서는 연기의 조건들, 즉 본래 동시인 개념 요소들를 마치 어떤 것은 먼저고 어떤 것은 나중인 것처럼 떨어뜨려 놓아야만 한다. 이것이 상대적인 현상세계의 인식 메커니즘이다. 현상적으로 드러나 인식되는 것은 시차성을 통해야 되기 때문에 드러난 상대세계에서 이것은 피할 길이 없다.

깨달은 의식이라고 해서 시차성은 배제하고 동시성 속에서만 살아가는 것은 아니다. 현상세계에서는 인식 구조 자체가 시차적으로 작동하게 되어 있지만 깨달은 의식은 거기에 속지 않을 뿐이다. 시간이 과거에서 현재를 거쳐 미래로 이렇게 흘러가고 있고, 사물이 공간상의 여기저기에 그렇게 나누어져 존재한다는 것, 세상이 나와 너의 이원성으로 분리되어 있다는 것을 인식하되 그런 것들은 본래 하나인 절대가 자기 자신을 드러내어 투영시켜 놓고 인식하기 위한 개념일 뿐이라는 것을 결코 잊지 않는다.

눈에 보이는 것, 만져지는 것, 느껴지는 것들이 실재한다고 착각하고, 존재하는 것들 사이의 주객 이원적 분리의 느낌들을 실체화할 때 문제가 발생한다. 그러므로 있는 그대로 전체를 통째로 바라보는 알아차림을 통해서 이런 분리된 개체의식의 착각에서 벗어나야 한다. 개체의식이 사라진 깨달은 의식에게는 현상적으로 시차성을 통해서 인식하는 그 자체가 그대로 통째로 동시성이다. 시차성 따로, 동시성 따로 있는 것이 아니라 동시성 안에서 시차성으로 인식한다는 말이다. 상대세계가 절대와 분리된 채 따로 존재하는 것이 아니다. 절대 자체 안에서 인식만 상대적으로 이루어지고 있다.

순수하고 진지한 구도자라면 이제 머리에서 가슴으로 내려와야 한다. 아뇩다라삼먁삼보리, 즉 위없는 완전한 깨달음조차 본래 없다는 것을 깨달았다는 금강경의 가르침은 지금까지 머리로 쌓아 온 모든 지식과 신념을 전부 다 버려야만 가슴에서 체득될 수 있다. 세상사에 대한 그동안의 관심과 기대와 집착이 여전히 그대로 있고, 지금까지 살면서 익혀 온 기존의 틀과 잣대를 그대로 가지고서는 금강경 22장의 무법가득(無法可得), 즉 얻을 수 있는 어떤 진리라는 것이 따로 없다는 금강경의 말씀이 가슴에 와 닿을 수가 없다.

제23 정심행선분淨心行善分

: 청정한 마음으로 선한 법을 행함

復次 須菩提 是法平等 無有高下 是名阿耨多羅三藐三菩提
부차 수보리 시법평등 무유고하 시명아뇩다라삼먁삼보리

以無我無人無衆生無壽者 修一切善法 則得阿耨多羅三藐三菩提
이무아무인무중생무수자 수일체선법 즉득아뇩다라삼먁삼보리

須菩提 所言善法者 如來說 非善法 是名善法
수보리 소언선법자 여래설 비선법 시명선법

"또한 수보리야! 이 법은 평등하여 조금도 높고 낮음이 없기 때문에 아
뇩다라삼먁삼보리라고 이름한다. 아상과 인상과 중생상과 수자상이 없
이 모든 선한 법을 닦으면 곧 아뇩다라삼먁삼보리를 얻게 된다."

"수보리야! 이른바 선한 법이라고 하는 것은 여래는 선한 법이라는 실
체가 없다고 설한다. 이름이 선한 법이다."

【강설】아뇩다라삼먁삼보리에 대해 설명을 하고 있다. 이 법은 평등해서 조금도 높고 낮음이 없으며 이름이 아뇩다라삼먁삼보리라는 것이다. 실상에는 성스럽다거나 속되다거나, 좋다거나 나쁘다거나 하는 일체의 차별이 있을 수 없다. 우리가 삶을 살아가면서 나라는 개체성, 인간이라는 틀에 매여서 끊임없이 비교하고, 분석하고, 추론하고, 판단하면서 "이 사람은 선하다. 저 사람은 악하다. 이것은 맞다. 저것은 틀리다."라고 어리석게 분별하고 있을 뿐이다. 그러므로 그동안 살아오면서 잘못 각인된 착각된 상(相)들을 정화시켜야 한다.

석가모니도 육 년 동안 온갖 수행을 하는 과정에서 시행착오를 겪으며 차츰차츰 정화된 것이다. 정화라는 것은 결국 각자가 살아오면서 쌓아 놓은 자기중심적이고 인간 중심적인 사고의 틀, 편견, 착각들을 부수는 작업이다. 정화가 된 상태에서 모든 것을 있는 그대로 알아차림 하다 보면 머리와 가슴이 하나로 통합 되고, 근원에서 전체를 통째로 보는 관점이 가능해지는 것이다. 그렇게 되려면 일단 진리가 무엇인지, 실상이 어떤 것인지를 먼저 제대로 이해해야 한다. 머리로 이해되지 않은 것은 의심과 반발심 때문에 가슴으로 내려올 수가 없다. 바르게 이해를 한 연후에는 삶 속에서 펼쳐지는 모든 것들을 있는 그대로 봄으로써 스스로 그 진리를 가슴에서 확인해야 한다.

'수일체선법(修一切善法)'이라는 말이 나온다. 선한 법을 닦는다고 해서 좋은 것, 깨끗한 것으로 이해하면 안 된다. 선한 법을 닦는다는 것은 착한 일을 해서 선업을 닦는 것을 말하는 것이 아니다. 악행(惡行)의 반대인 선행(善行)이 아니고 무아행(無我行)을 말한다. "아상과 인상과 중생상과 수자상이 없이 모든 선한 법을 닦으면 곧 아뇩다라삼먁삼보리를 얻게 된다."라는 것은 무아행을 삶 속에서 행하면 그때 아뇩다라삼먁삼보리를 깨닫게 된다는 뜻이다.

所言善法者(소언선법자) 如來說(여래설) 非善法(비선법) 是名善法(시명선법)

이른바 선한 법이라고 하는 것은 여래는 선한 법이라는 실체가 없다고 설한다. 이름이 선한 법이다.

현상세계에는 그 어디에도 실체가 없다. 선법(善法)이 됐든 무아행이 됐든 그것조차도 실체가 없다. 다만 표현하기 위해서 그렇게 이름을 붙일 뿐이다. 이것을 만법에는 본래 자성이 없다고도 하고 자성이 공(空)하다고 한다. 만법, 즉 현상은 드러난 것이고, 드러난 것은 인식되는 것이다. 이렇게 드러난 것, 드러나서 상호 간에 인식되는 모든 것들은 반드시 사라지므로 실체가 아니다. 인식되는 개별 존재는 이 현상이라고 하는 개념의 일부다. 현상 세계는 물질적 현상과 정신적 현상으로 이루어져 있다. 그러므로 현상은 우리가 상상할 수 있고 표현할 수 있는 모든 것이다. 눈에 보이든 안 보이든, 소리가 들리든 안 들리든 그런 것과는 전혀 상관없이 표현되고 상호 간에 소통될 수 있는 모든 것을 통칭해서 현상이라고 한다.

우주 전체가 통째로 현상이므로 사람도 현상의 일부다. 중요한 것은 우주 현상계 전체를 가득 채우고 있는, 이루 헤아릴 수도 없고 상상도 할 수 없는 그런 엄청난 현상계의 모든 것들이 단 하나도 빼놓지 않고 실체가 없다는 것이다.

그렇다면 실체인 절대는 이러한 현상으로 드러날 수 있을까? 드러날 수 없다. 드러나게 되면 현상세계의 상대성 중에 한 부분으로 드러나기 때문이다. 인식된다는 것은 인식자의 대상으로 드러난다. 그래서 드러난 모든 것들은 부분에 불과하므로 전부 허상이다. 모든 허상들을 통째로 통칭해서 현상이라고 부른다. 절대라고 하는 것은 이렇게 하나의 분리되고 독립된 현상적 모습으로 드러나는 것이 아니다. 절대의 드러남은 분리되지 않은 통째로만 드러난다. 통째로 드러나는 그 자체가 실체고 절대다. 어떤 하나의 존재로, 하나의 개념으로 분별되어 드러나는 것은 실체가 아니다.

이 법은 평등하여 조금도 높고 낮음이 없기 때문에 아뇩다라삼먁삼보리라고 이름한다.

현상세계의 모든 것들이 상호 연기하면서 생멸하는 있는 그대로의 모습을 보고서 무아를 깨달았기에 석가모니가 제자들에게 가르쳐 줄 것은 '무아=연기'밖에 없었다. 깨달음 이후 45년 동안 인도의 갠지스 강 유역 곳곳을 돌아다니며 수많은 사람들을 만나고 수없이 많은 설법을 한 것은 '무아=연기'라는 진리를 조금이라도 쉽게 설명해 주기 위해 풀어낸 방편이었다.

설법은 법이 아니다. 진리를 각자의 근기에 맞게 이해시켜 주기 위한 방편이다. 그런데 후대에 와서 방편인 말이 진리인 법 그 자체가 되어 버렸다. 부처님은 자기 자신이나 자신의 가르침을 신앙의 대상으로 삼는 것을 철저히 경계했는데도 세월이 흐르면서 석가모니는 결국 영적인 숭배의 대상이 되어 버렸다. 아뇩다라삼먁삼보리라는 것은 어떤 세속적인 성공보다 한 차원 더 높은 특별한 영적인 성취가 아니다. 성취할 더 높고 특별한 것은 없다. 얻을 것이 없어도 상관없는 사람들만이 이런 순수하고 평범한 진리의 길을 갈 수 있다.

평상심시도(平常心是道), 즉 평소의 마음 이대로가 진리라는 가르침으로 유명한 중국 당나라 때의 마조(馬祖, 709~788) 선사가 늙고 병들어 눕게 되자 제자들이 문안 인사를 드리러 왔다. 어떤 한 제자가 도착해서 "스승님! 요즘 어떻게 지내십니까?" 하고 물었더니 마조 스님이 불쑥 "일면불(日面佛) 월면불(月面佛)", 즉 "그냥 낮에는 해 보고, 밤에는 달 본다."라고 대답했다. "그냥 그러고 살지! 뭐 특별한 것이 있겠느냐?"라는 말이다.

"삶이라는 것에 어떤 의미를 부여하지 마라. 이 개체 존재에 어떤 의미도 부여하지 마라. 태어나고 죽는 것에 어떤 의미도 부여하지 마라. 내가 내일 죽더라도 낮에는 해 보고 밤에는 달 보고, 그냥 그렇게 산다. 젊어서 건강했을 때도 낮에는 해 보고 밤에는 달 보았듯이, 지금 늙고 병들어서 언제 죽을지 모르는 이 순간에도 낮에는 해 보고 밤에는 달 본다. 특별한 것이 뭐가 있겠느냐?"라는 뜻이다. 있는 그대로의 여여(如如)한 일상의 평범한 모습 그대로가 진리라는 가르침이다.

개체인 내가 열심히 갈고 닦아서 부처라는 대단한 경지를 얻어 낮에는 해 보고 밤에는 달 보는 그런 유위(有爲)의 여여(如如)가 아니다. 존재 자체가 절대 그 자체이기 때문에 그냥 있는 그대로 여여(如如)한 것이다. 항상 웃고 있어서 여여(如如)가 아니고, 화내고 멱살 잡고 싸움박질해도 그냥 여여(如如)다. 어떤 상황과 어떤 일이 벌어져도 여여(如如)다. 지금 이 순간 수많은 사람이 태어나기도 하고 죽기도 하지만 낮에는 해가 뜨고 밤에는 달이 뜨는 것이다. 특별할 것이 없다. 그런데 도대체 무엇 때문에 그렇게들 집착하고 욕심내고 괴롭다 힘들다 하는가?

현상세계에서는 한 단계 한 단계, 모든 조건 지어진 과정을 다 거쳐야 한다. 걸음마도 못 뗀 아이가 100미터를 10초에 뛸 수 없는 것이 현상세계의 법칙이다. 현재 자신의 의식이 아무리 형편없어도 상관없다. 지금 기어 다닌다고 해서 영원히 기어 다니게 되는 것은 아니다.

다만 진리를 깨닫기 위해서는 현상적으로는 목숨 걸고 해야 한다. 그러나 개체인 내가 주체로서 그렇게 한다는 착각에 빠지지 않고 순수하게 구도의 길을 가야 한다. 진정한 구도자라면 이 몸과 마음은 내가 아니라는 근본적인 알아차림을 놓치지 않아야 한다.

제24 복지무비분 福智無比分

: 복덕과 지혜는 견줄 수 없음

須菩提 若三千大千世界中 所有諸須彌山王 如是等七寶聚
수보리 약삼천대천세계중 소유제수미산왕 여시등칠보취

有人 持用布施 若人 以此般若波羅蜜經 乃至四句偈等
유인 지용보시 약인 이차반야바라밀경 내지사구게등

受持讀誦 爲他人說 於前福德 百分不及一 百千萬億分
수지독송 위타인설 어전복덕 백분불급일 백천만억분

乃至算數譬喩 所不能及
내지산수비유 소불능급

"수보리야! 만약 어떤 사람이 삼천대천세계에 있는 모든 수미산들을 합쳐 놓은 것만큼의 칠보로 보시를 한다 하더라도 만약 어떤 사람이 반야바라밀경 내지 사구게 등을 받아 지니며, 읽고 외워서, 다른 사람에게 설해 준다면 앞의 복덕은 이에 백분의 일에도 미치지 못하고, 백천만억분의 일 내지는 어떤 숫자와 비유로도 능히 미치지 못한다."

【강설】 삼천대천세계에 있는 모든 수미산들을 합쳐 놓은 것과도 같은 엄청난 양의 칠보를 보시한 복덕도 금강반야바라밀경에 나오는 사구게 하나 제대로 받아 지녀 독송하고 전해 주는 공덕에는 감히 비교할 바가 못 된다는 말이 나온다. 이것을 물질적으로 하는 보시는 아무 의미도 없다는 말로 들으면 안 된다. 현상세계에서 물질이나 육체는 부정하고, 정신이나 마음만 인정할 수는 없다. 금강경의 저자가 보시의 복덕과 반야바라밀의 지혜를 반복적으로 등장시켜 비교하는 이유는 깨달음에 관련된 사구게 하나라도 올바로 받아 지니고 그것을 제대로 이해해서 다른 사람에게 전하는 법보시의 공덕이 재보시의 복덕과는 비교할 수 없이 더 큰 가치가 있기 때문이다.

금강경의 수지독송(受持讀誦)은 그냥 단순한 수지독송(受持讀誦)이어서는 안 된다. '올바로' 수지(受持)하고 '제대로' 독송(讀誦)한다는 말이 반드시 들어가야 한다. 그냥 단순히 머리로만 받아들여서 전해 주는 것이 아니라 먼저 자기 자신이 부처님의 가르침을 가슴으로 완전히 체득한 다음 다른 사람에게 전하는 것이 순서다. 부처님의 가르침을 왜곡 없이 올바로 받아들이고, 제대로 체득해서 다른 사람에게 전달해 주면, 이것은 삼천대천세계의 모든 수미산들을 합쳐 놓은 만큼의 보물덩어리들을 보시하는 복덕보다도 비교할 수 없을 정도로 가치가 더 크다. 이것이 진리의 힘이고 진리의 가치다.

우리는 이 금강경 말씀의 진정성을 새겨들어야 한다. 이것은 단순한 허풍이 아니다. '나는 누구인가?'라는 진지한 의문을 가지고 지속적으로 알아차림을 해 나간다면 조금씩이라도 체험이 쌓이게 되고, 가르침에 대한 확신을 얻게 될 것이다. 이렇게 해서 각자의 인생이 바뀐다면 삼천대천세계에 가득 찬 수미산만 한 보물덩어리가 대수겠는가?

사람들은 누구나 할 것 없이 모두 행복한 삶을 살기를 원하는데 살아가면서 왜들 그렇게 힘들고 고통스러워하는 것일까? 예를 들어 아이가 학교 공부를 못한다고 해 보자. 아이가 공부를 못하면 왜 신경이 쓰이고, 불안해지고, 심지어는 화가 나기도 하는 걸까? 그 진정한 이유나 원인을 진지하게 추적해 본 적이 있는가? 남의 아이가 공부를 못해도 그렇게 신경이 쓰이고, 불안해지고, 화가 날지 생각해 보았는가? 내 자식이니까 화가 나는 것이다. '나'라는 그리고 '내 자식'이라는 한 생각 때문에 좁은 틀 안에 갇혀 버리는 것이다.

죽음에 대한 문제도 마찬가지다. 죽음이 왜 두려운가? 옆집 사람이 죽을병에 걸렸다고 내가 전전긍긍하지는 않는다. 나와 연관이 있다고 생각할 때만 두려움이 밀려오는 것이다. 이 몸과 마음이 나라는 착각으로 똘똘 뭉쳐 있기 때문에 이런 코미디 같은 일들이 벌어진다. 진리 공부를 제대로 하고 있다면 개체적 관점이 아닌 절대적 관점에서 죽음을 바라보는 태도를 갖춰야 한다.

절대적 관점에서 죽음을 이해한다는 것은 죽음이라는 것이 본래 없다는 사실을 바로 아는 것이다. 적어도 머리로라도 '나는 불생불멸하는 본래 절대다.'라는 확신이 있다면 죽음이 두려울 수가 없다. 구도자가 생멸하는 이 몸과 마음이 나라는 개체 의식적인 관점에서 자유롭고 행복해지려고 계속 발버둥을 치면 구도는 거기서 끝나는 것이다. 에고도 잘되고, 깨달음도 드러나는 그런 것은 없다. 요한복음에서 예수님이 "진리가 너희를 자유롭게 할 것이다."라고 하신 것은 진리를 알게 되면 동시에 에고가 죽는다는 뜻이다. 에고, 즉 이 몸과 마음이 나라는 착각이 사라지지 않는 한 진정한 자유는 없다.

죽음의 문제를 해결하지 못하면 다 속는 것이다. 죽음에 대한 두려움을 내려놓지 못하면 삶의 두려움에서 결코 자유로울 수 없다. 죽는 것이 두려운데 세상에서 아무리 성공을 거두고 부유하게 살면 무엇하겠는가? 죽음을 해결하지 못한 상태의 행복은 순간적인 쾌락일 뿐이다. 죽음을 해결하면 삶의 모든 문제는 저절로 해결된다.

금강경의 가르침은 삶의 문제, 죽음의 문제와 분리되지 않는다. '무아=연기'의 가르침을 듣고 삶 속에서 얼마나 수용하여 두려움 없이 살아갈 수 있을지, 폭포수처럼 쏟아지는 가르침의 은총을 얼마나 받을 수 있을지는 각자의 인연이고 각자의 몫이다.

제25 화무소화분 化無所化分

: 교화할 바 없는 교화

須菩提 於意云何 汝等勿謂如來作是念 我當度衆生

수보리 어의운하 여등물위여래작시념 아당도중생

須菩提 莫作是念 何以故 實無有衆生如來度者

수보리 막작시념 하이고 실무유중생여래도자

若有衆生如來度者 如來則有我人衆生壽者

약유중생여래도자 여래즉유아인중생수자

須菩提 如來說有我者 則非有我 而凡夫之人 以爲有我

수보리 여래설유아자 즉비유아 이범부지인 이위유아

須菩提 凡夫者 如來說則非凡夫

수보리 범부자 여래설즉비범부

"수보리야! 어떻게 생각하느냐? 너희는 여래가 '나는 마땅히 중생을 제
도하리라.'라는 생각을 한다고 말하지 말라.

수보리야! 이와 같은 생각을 해서는 안 된다. 왜냐하면 실제로 여래가

제도할 중생이 없기 때문이다. 만약 여래가 제도할 중생이 있다면 여래에게 곧 아상·인상·중생상·수자상이 있는 것이다.”

“수보리야! 여래가 내가 있다고 설하는 것은 내가 있는 것이 아니지만 범부들은 내가 있다고 여긴다.”

“수보리야! 범부라는 것은 곧 범부가 아니라고 여래는 설한다.”

【강설】 25장은 앞의 21장 ‘중생은 중생이 아니라 그 이름이 중생이다.’라고 한 것과 같은 맥락에서 가르침이 이어지고 있다. 중생이라는 것은 실제로는 제도할 중생이 없으며 이름을 중생이라고 부른다. 왜냐하면 만약 여래가 제도할 중생이 실제로 있다면 여래는 곧 아상·인상·중생상·수자상이라는 견해에 빠져 있는 것이기 때문이다. 진실이 이러함에도 불구하고 간혹 깨달았다고 하는 사람들 중에는 자기가 미혹한 중생들을 제도하기 위해서 열심히 가르침을 펼친다고 생각하는 착각도인들이 있다. 심지어 스스로를 재림예수라고 하거나 중생들을 구제하러 온 미륵불이라고 참칭하는 경우도 있다.

무아를 깨닫지 못한 상태에서는 이렇게 왜곡이 될 수밖에 없다. 제도할 중생이 실제로 있다고 한다면 그것은 무아를 깨닫지 못한 것이다. 진정으로 깨닫고 나면 깨달은 나도, 구제할 중생도 없다. 무아를 깨달았기 때문에 비로소 그런 사실을 알게 된다. 깨달았다는 사람이 자신이 깨달았다고 생각하고, 아직 깨닫지 못한 중생들이 있으니 이제 그들을 구제해야 되겠다고 생각한다면 이런 사람은 아상·인상·중생상·수자상에 빠져 있는 것이다. 자기는 깨달은 부처고 다른 사람들은 아직 깨닫지 못한 중생이라고 한다면 그것이야말로 위대한 착각이다.

본래는 중생이 중생이 아니고 부처가 부처가 아니기 때문에 현상적으로 깨달음이 드러나고 드러나지 않고는 문제될 것이 없다. 현상 전체가 그냥 본래 절대 그 자체다. 그런데 절대인 본래성품이 뭔지 모르는 상태에서는 그냥 현상만 보게 된다. 그렇기 때문에 다 착각할 수밖에 없는 것이다. 무아를 깨닫는 순간, 부처든 중생이든 그런 것은 아무 상관이 없다. 말도 안 되는 소리로 들리겠지만 사실이다. 그냥 통째로 절대다. 시비분별을 하고 싶어도 할 수가 없다. 깨달은 스승들은 본래가 통째로 하나임을 깨달았기에 현상세계에서 펼쳐지고 있는 이 모든 메커니즘을 그대로 다 받아들인다. 문제될 것이 아무것도 없다. 그 어디에도 착각이 없다.

현상세계는 상대세계니까 그에 맞게끔 펼쳐진다. 현상세계는 나는 나고, 너는 너다. 현상세계는 모든 것이 따로따로다. 나와 너는 하나라고 아무리 말해도 현상세계는 상대세계이므로 엄연히 다르다. 그런데 두리뭉실하게 대충 알면 혼란이 와서 "절대와 현상은 하나이므로 너와 나는 하나다."라는 주장을 하게 된다. 그것은 절대가 그런 것이고 현상적으로는 너와 나는 하나일 수가 없다. 이것을 혼동하면 안 된다. 하나라는 것은 절대의 본래성품이 하나라는 말이지 현상적으로 드러난 것들은 제각각 자기 역할을 하는 것이다.

그러므로 제각각 존재하는 것들을 '캐릭터'라는 말을 써서 비유적으로 사용할 수밖에 없다. 만화를 보면 스토리가 전개되기 전에 각각의 등장인물들에 대한 역할 설명이 먼저 나온다. 현상적인 모든 존재는 그런 캐릭터, 즉 만화 속의 등장인물과도 같다. 아무리 살펴봐도 이 몸과 마음이라는 것은 실체가 없는 캐릭터일 뿐이다. 그런데 만화나 소설 속의 그 캐릭터들은 각자의 역할에서 벗어날 수 없다. 이런 이야기를 하면 대부분의 사람들이 이렇게 묻는다. "사람이 살다 보면 인생역전도 일어나지 않나요?" 그렇다. 인생역전도 일어날 수 있다. 그러나 그것도 그 사람의 캐릭터다. 중간에 역할이 크게 바뀌는 각본에 따른 인생역전인 것이다.

만화 속의 캐릭터, 소설 속의 등장인물은 실제로 존재하는 어떤 사람이 아니다. 부처와 중생도 마찬가지다. 부처가 중생을 제도한다고 해도 실제로는 제도한 중생이 없다. 부처와 중생이라는 차별이 본래 없기 때문이다. 그러므로 여래는 자신이 누구를 제도한다는 생각조차 없다. 그러나 범부들은 그렇게 생각하지 않는다. 범부들은 아상, 즉 자아가 있다는 의식 상태에 있기 때문이다.

凡夫者(범부자) 如來說(여래설) 則非凡夫(즉비범부)

범부라는 말에 또다시 어떤 상을 가지지나 않을까 우려한 부처님은 그것조차 이름일 뿐이라고 다시 한 번 친절하게 설명해 주신다. 부처도, 중생도, 여래도, 범부도 다 이름이고, 방편이고, 개념일 뿐이다. 한로축괴 사자교인(韓獹逐塊 獅子咬人)이란 말이 있다. 개는 흙덩이를 던지면 흙덩이를 쫓아간다. 그런데 사자는 흙덩이를 던지면 흙덩이를 던진 사람을 문다는 뜻이다. 가르침을 주면 어리석은 사람은 언어에 매달려서 그것을 풀어 보려고 붙잡고 끙끙거리는데, 지혜로운 사람은 그 말의 참뜻을 물고 늘어진다. 손가락이 아니라 달을 볼 수 있는 의식의 상태, 그것이 바로 근원에서 전체를 보는 것이다.

제26 법신비상분法身非相分

: 법신은 대상이 아님

須菩提 於意云何 可以三十二相 觀如來不 須菩提言
수보리 어의운하 가이삼십이상 관여래부 수보리언

如是如是 以三十二相 觀如來 佛言 須菩提 若以三十二相
여시여시 이삼십이상 관여래 불언 수보리 약이삼십이상

觀如來者 轉輪聖王 則是如來 須菩提白佛言 世尊 如我解
관여래자 전륜성왕 즉시여래 수보리백불언 세존 여아해

佛所說義 不應以三十二相 觀如來 爾時 世尊 而說偈言
불소설의 불응이삼십이상 관여래 이시 세존 이설게언

若以色見我 以音聲求我 是人行邪道 不能見如來
약이색견아 이음성구아 시인행사도 불능견여래

"수보리야! 어떻게 생각하느냐?

32상으로 여래를 볼 수 있느냐?"

수보리가 대답하였다.

"그렇습니다. 세존이시여!

32상으로 여래를 볼 수 있습니다."

부처님께서 말씀하셨다.

"수보리야! 만약 32상으로 여래를 볼 수 있다면 전륜성왕도 곧 여래일 것이니라."

수보리가 부처님께 말씀드렸다.

"세존이시여! 부처님께서 설하신 바의 뜻을 이해하였습니다.

32상으로는 여래를 볼 수 없습니다."

이때 세존께서 게송으로 말씀하셨다.

"형색으로 나를 보려 하거나

음성으로 나를 찾지 마라.

잘못된 길로 가는 사람은

결코 여래를 볼 수 없다네."

✤

【강설】32상에 대한 질문과 답변은 5장, 13장, 20장에도 나온다. 부처님이 32상으로 여래를 볼 수 있는지 물었을 때 앞장에서는 수보리가 32상으로 여래를 볼 수 없다고 대답했다. 그런데 여기서는 "그렇습니다. 32상으로 여래를 볼 수 있습니다."라고 대답하고 있다. 그러자 부처님이 "32상으로 여래를 볼 수 있다면 전륜성왕도 곧 여래일 것이니라."라고 말씀하시니 이에 수보리가 "32상으로 여래를 볼 수 없습니다."라고 말을 바꾸어 대답한다. 지금 우리가 보고 있는 구마라집(鳩摩羅什, 344~413) 번역본에는 이처럼 다소 극적인 반전이 들어 있어서 금강경을 읽는 사람들의 안목에 따라 다양한 해석이 나올 수 있을 것이다.

전륜성왕은 32상(相)과 7보(寶)를 갖추고 천하를 통일하여 무력이 아닌 정의와 도덕으로 태평성대를 이루게 한다는 고대 인도인들의 이상적인 영웅을 말한다. 금강경이 나오기 이전, 인도 역사상 남인도를 제외한 인도대륙 거의 대부분을 통일시킨 전륜성왕에 비견되는 왕이 있었다. 그가 바로 마우리아 왕조의 아소카(Ashoka, ?~BC 232 무렵) 대왕이다.

아소카 대왕은 인도 동부의 칼링가국 정벌 때 자신이 일으킨 피비린내 나는 전쟁의 참상에 양심의 가책을 느끼고는 불교에 귀의하여 '다르마'라는 비폭력과 윤리에 기초한 도덕 정치를 실현하고자 노력하였다. 인도 곳곳에 수많은 불교 사원과 탑을 조성하고 다른 나라로까지 포교단을 보내어 불교를 적극적으로 전파하였다. 덕분에 특정 지역에 한정되어 있던 불교가 인도 전역과 국경 너머로까지 퍼지게 되었다.

그런데 어떤 왕국도 영원할 수는 없다. 전륜성왕처럼 다르마, 즉 바른 법을 굴려 세상을 다스리고자 했던 아소카 대왕이 죽은 후에 마우리아 왕국은 얼마 못 가서 멸망하게 되고 왕실의 후원을 받던 불교 교단도 큰 타격을 받게 된다.

32상이든, 아소카 대왕이든, 전륜성왕이든, 석가모니 부처님이든 그 어떤 것도 실체화 시키면 안 된다. 앞서 5장 사구게(四句偈)에서는 "범소유상(凡所有相) 개시허망(皆是虛亡) 약견제상비상(若見諸相非相) 즉견여래(則見如來)", 즉 "무릇 상이 있는 것은 모두 허망한 것이니 모든 상이 실체가 없음을 본다면 곧 여래를 보리라."라고 했다. 상(相)이라는 것은 32상뿐만 아니라 모든 상이 이름일 뿐 예외 없이 전부 실체가 없기 때문에 그것을 바로 보면 깨닫게 된다는 것이다.

이번 26장 사구게(四句偈)에서는 "약이색견아(若以色見我) 이음성구아(以音聲求我) 시인행사도(是人行邪道) 불능견여래(不能見如來)", 즉 "형색으로 나를 보려 하거나 음성으로 나를 찾지 마라. 잘못된 길로 가는 사람은 결코 여래를 볼 수 없다네."라고 하였다. 만약 상(相)에 매인 채 진리를 찾고 부처를 보려고 한다면 아무리 애를 써도 불능견여래(不能見如來), 즉 깨달을 수 없다는 것이다. 이렇게 표현은 다르지만 제5장과 26장은 결국 같은 가르침을 전하고 있다.

여래는 눈에 보이고, 귀에 들리고, 생각으로 알 수 있는 어떤 상(相)이 아니다. 여래를 불교에서는 법신(法身)이라고도 한다. 절에 가 보면 대적광전(大寂光殿)이라는 편액이 붙어 있는 전각이 있는데, 그곳에 모셔져 있는 불상이 법신을 상징하는 비로자나불이다. 청정법신 비로자나불이라고도 한다. 잘 모르는 사람들은 법당 한가운데 모셔져 있으면 모두 석가모니불로 아는데 대적광전의 주불은 석가모니불이 아니라 비로자나불이다. 석가모니불은 법신불(法身佛)이 아니라 인간의 몸으로 태어난 화신불(化身佛)이다.

불교에서 법신은 절대인 본래성품을 말한다. 화신불은 절대인 본래성품이 특정한 시공간에 특정한 모습으로 드러나는 역사성을 지닌 부처이다. 법신이라고 하는 것은 절대 그 자체이므로 형색이나 소리 등의 상(相)을 통해 여래를 보려 하거나 진리를 찾고자 해서는 안 된다. 절대인 법신불조차 대상화해서 하나의 신앙의 대상으로 여기거나 깨달음을 추구한다면 시인행사도(是人行邪道), 즉 삿된 길을 가는 사람이라고 금강경은 강한 어조로 경고하고 있다. 오늘날 불교 신자나 수행자들은 금강경의 이런 서릿발 같고 벼락같은 가르침을 진정으로 가슴 깊이 되새겨 보아야 할 것이다.

현상적으로 드러난 상은 실체가 아니다. 따라서 현상적으로 깨달으나 못 깨달으나 무슨 차별이 있는 것이 아니다. 그냥 이것도 허상, 저것도 허상, 다 허상이다. 단지 석가모니 부처님은 깨달은 스승의 캐릭터이기 때문에 진리를 가르치는 것이고, 배우는 수보리는 제자라는 캐릭터로서 가르침을 받고 있는 것이다. 스승이라고 해서 뛰어나고 제자라고 해서 모자라는 것이 아니다. 이 세상 모든 것들은 차이는 있지만 차별은 없다. 그 차이라고 하는 것은 시명(是名)으로서 이름의 차이일 뿐이다. 이것이 가슴 떨리는 진리의 신비로움이다. 일체가 동등하다. 깨달은 부처든 미혹한 중생이든 다를 것이 하나도 없다. 세상에 이렇게 통쾌한 진리가 어디 있는가?

그 어떤 것도 실체화해서 맹신하거나 대상화해서 의존하면 안 된다. 구도자들 중에는 공부를 하다가 어떤 특별한 체험을 하면 허세를 부리고 우월감에 도취되는 사람들이 있다. 다른 사람에게 주눅 들 필요도 없지만 무슨 대단한 존재인 것처럼 착각해서도 안 된다. 그런 사람들은 결국 이 순수하고 평등한 진리를 버텨 낼 수 없다. 진리는 남들 앞에서 폼 잡으라고 있는 것이 아니다. 공부가 깊어지면 깊어질수록 더 겸손해야 하고, 아직 진리를 모르는 사람들을 위해서 마중물이되어 헌신할 수 있어야 한다.

중국 당나라 때 유관(惟寬, 755~817) 선사에게 어떤 스님이 찾아와 물었다.

"도(道)는 어디에 있습니까?"

"눈앞에 있다."

"눈앞에 있다면 왜 저는 볼 수가 없습니까?"

"너에게는 '나'가 있어서 보지 못한다."

여기까지는 일반적인 수준으로 이해할 수 있다. 다음부터가 중요하다.

"저는 '나'가 있기 때문에 보지 못한다면 화상께서는 보십니까?"

방문자가 다소 당돌한 질문을 한 것이다.

이 질문에 대해 유관 스님이 이렇게 답한다.

"너도 있고 나도 있으니 더욱 보지 못한다."

이 말은 유관스님 입장에서 하는 대답이 아니다. 질문자의 착각된 의식 상태를 지적하는 것이다. 질문자의 의식에는 나도 있고 너도 있고, 그래서 더욱 보지 못한다는 말이다. 질문자는 못 알아듣고 또 묻는다.

"그러면 나도 없고 너도 없어야 비로소 볼 수 있습니까?"

"나도 없고 너도 없는데 도대체 누가 보겠느냐?"

방문자는 끊임없이 말에 끌려다니며 머리로만 분별하면서 질문을 하고 있다. 다시 말해서 의식이 분별된 한쪽에만 머물며 계속 시비분별하고 있는 것이다. 선문답은 개념의 주고받음이 아니다. 대답을 하는 스승은 질문자의 잘못된 분별 의식을 끝까지 추궁한다. 그것을 알아듣고 내려놓으면 한 단계 발전하는 것이고, 못 알아들으면 효과가 없는 것이다. "나도 없고 너도 없는데 도대체 누가 보겠느냐?" 이렇게 무아의 측면을 계속 던져 주고 있다. 도를 찾는 것, 진리를 찾는 것, 성불하려는 것, 이 모든 것들이 전부 나라는 개체의식 상태에서 일어난다. 나라는 것을 한쪽 편에 계속 세워 놓은 채로 여래를 어떤 특별한 모습이나 음성을 지닌 신비한 존재로 설정해 놓고서 찾지 마라. 깨달은 부처도, 미혹한 중생도 실체가 아니다.

진실이 이러한데도 중국 불교에서 한국 불교로 이어지는 동북아 불교전통에서는 대를 잇는 정통성을 중요시하다 보니까 깨달음에 있어서조차 족보를 따지기도 한다. 부처님의 후계자가 가섭 존자고 그다음은 또 누구고, 이렇게 해서 지금 대한민국 아무개에게로 법통이 이어졌다는 주장을 펴기도 한다. 그러나 인도에서는 깨달음의 법통이라는 것 자체가 없다. 중국의 선불교에서 중국적인 특성이 끼어들어 소설이 된 것이다. 깨달음 자체가 무아인데 누가 누구의 대를 잇겠는가?

순수한 구도자라면 개체적 자아를 성자로 만들고 부처로 만들려고 해서는 안 된다. 그런 껍데기에 속지 않아야 한다. 진리는 신비주의가 아니다. 진리는 있는 그대로이며, 있는 그대로의 모습 속에 한 티끌만큼의 개체의식도 가미되지 않은 100% 청정한 상태가 바로 본래 성품이다. 깨달음은 이 몸과 마음이 나라는 착각 자체가 없을 때에만 드러난다. 에고가 허상이라는 것을 바로 보고, 매사에 집착하고 시비하며 자신을 내세우는 에고를 철저히 버려야 한다. 그래서 어느 한순간도 털끝만치의 에고가 없는 완전한 해탈 열반의 경지인 무아를 증득하여 참나는 본래 절대라는 진실을 깨달아야 한다.

제27 무단무멸분 無斷無滅分

끊음도 멸함도 없음

須菩提 汝若作是念 如來 不以具足相故得阿耨多羅三藐
수보리 여약작시념 여래 불이구족상고득아뇩다라삼먁

三菩提 須菩提 莫作是念 如來 不以具足相故得阿耨多羅
삼보리 수보리 막작시념 여래 불이구족상고득아뇩다라

三藐三菩提 須菩提 汝若作是念 發阿耨多羅三藐三菩提者
삼먁삼보리 수보리 여약작시념 발아뇩다라삼먁삼보리자

說諸法斷滅相 莫作是念 何以故 發阿耨多羅三藐三菩提心者
설제법단멸상 막작시념 하이고 발아뇩다라삼먁삼보리심자

於法 不說斷滅相
어법 불설단멸상

　"수보리야! 네가 만약 '여래가 상을 구족한 까닭으로 아뇩다라삼먁삼
보리를 얻은 것이 아니다.'라는 생각을 한다면, '여래가 상을 구족한 까닭
으로 아뇩다라삼먁삼보리를 얻은 것이 아니다.'라는 생각을 하지 마라."

"수보리야! 너는 '아뇩다라삼먁삼보리를 구하는 사람은 모든 법이 끊어져서 소멸해야 한다는 견해를 말한다.'라는 생각을 하지 마라. 왜냐하면 아뇩다라삼먁삼보리의 마음을 낸 사람은 법에 있어서 단멸의 견해를 말하지 않기 때문이다."

【강설】27장은 문장 구조가 복잡해서 내용이 쉽게 이해가 안 될 수도 있다. 해설하는 사람의 안목에 따라 각기 다른 설명을 할 수도 있는데, 이것이 금강경의 묘미이기도 하다. 27장은 26장과 긴밀한 연결선상에 있다. 26장에서 부처님은 32상으로는 여래를 볼 수 없다고 하였다. 법신(法身)인 여래는 상이 아니기 때문이다.

27장에서 부처님은 "수보리야! 네가 만약 '여래가 상을 구족한 까닭으로 아뇩다라삼먁삼보리를 얻은 것이 아니다.'라는 생각을 한다면, '여래가 상을 구족한 까닭으로 아뇩다라삼먁삼보리를 얻은 것이 아니다.'라는 생각을 하지 마라."라고 말씀하신다. 문장이 길고 부정하는 말이 여러 번 나오므로 자칫하면 맥락을 놓칠 수 있다. 말씀은 복잡한 듯 보이나 결론은 단순하다. 진리라고 하는 것은 그냥 부정으로만 끝나면 안 된다는 뜻이다. "여래가 상을 구족한 까닭으로 아뇩다라삼먁삼보리를 얻은 것이 아니다."라는 것은 32상에 대한 부정이다. 그런데 진리는 "아니다"라는 즉비(則非)에만 매여 있으면 안 된다.

앞에서 중국 송나라의 유신(惟信, ?~1117) 선사의 '산은 산이요 물은 물이다'와 '산은 산이 아니요 물은 물이 아니다', 그리고 '산은 산이요 물은 물이다'의 깨달음에 이르는 세 가지 단계를 언급한 적이 있다. 금강경 27장은 지금 이것을 이야기하고 있는 것이다. "여래가 상을 구족한 까닭으로 아뇩다라삼먁삼보리를 얻은 것이다."는 첫 번째 단계인 "산은 산이요 물은 물이다."에 해당된다. 여래가 32상을 구족했기 때문에 부처가 됐다고 생각하는 첫 번째 단계는 보통 사람들이 소박하게 세상을 바라보는 일반적인 관점이다.

　"여래가 상을 구족한 까닭으로 아뇩다라삼먁삼보리를 얻은 것이 아니다."는 두 번째 단계인 "산은 산이 아니요 물은 물이 아니다."에 해당된다. 그런데 지금 27장에서 부처님은 두 번째 단계에 생각이 고정돼 있으면 반쪽밖에 안 되니 세 번째 단계인 "산은 산이고 물은 물이다."로 다시 가야 된다는 것이다. 세 번째 단계는 '여래가 상을 구족한 까닭으로 아뇩다라삼먁삼보리를 얻은 것이다.'와 '얻은 것이 아니다.'가 전부 함께 있는 것, 두 가지 측면이 함께 있는 것이다. 한쪽에 치우치는 것은 반쪽으로 끝난다.

　첫 번째 단계와 두 번째 단계를 거쳐서 현상계의 모든 것들이 실체가 아니라는 것을 알아도 두 번째 단계에서 끝나면 즉비(則非)에 집착하는 것이다. 즉비(則非)조차도 궁극의 완전한 깨달음이 아니다. 세 번째 단계인 "산은 산이요 물은 물이다."의 시명(是名)으로 다시 긍정되어 살아나야 비로소 모든 것이 있는 그대로 절대임을 깨닫게 되는 것이다.

　세상을 살면서 개체인 이 몸과 마음이 나라고 생각했는데 진리 공부를 하다 보니 '어? 이건 내가 아니네!' 하게 되는 단계가 두 번째 단계인 즉비(則非)의 단계다. 그런데 내가 실체로서의 내가 아니라는 것을 알고 나서 보니까 현상세계에서는 그대로 나로서 살고 있다. 내가 실체로서의 내가 아니지만 현상세계에서는 역할을 하고 있는 것이다. 이것이 시명(是名)이다. 그냥 캐릭터로서의 역할을 하며 사는 것이다.

　처음 깨닫기 전의 '나는 누구이다.'라고 했을 때는 나를 실체로서의 나라고 착각했던 것이고, 즉비(則非)를 알고 나서 보니까 실체가 없고 무상한 것이다. 그러니까 '나는 내가 아니다.'가 된다. 그러나 '나는 내가 아니다.' 하고 끝나면 '나'라는 말을 쓸 수가 없다. 현상세계에서는 깨닫고 나서도 '나는 누구이다.'라고 한다. 실체로서의 '나'가 아니라 그냥 현상체로서의 '나'라는 말이다. 시명(是名)의 세 번째 단계까지 가야 되는 것이지 두 번째 단계에서 끝나면 안 된다. 27장은 지금 이것을 설명해 주고 있는 것이다.

　공부를 하다 보면 많은 경우에 구도자들이 자기가 깨달았다고 착각하게 되는 시점이 보통 두 번째 단계다. 아무것도 없이 일체가 텅 빈, 그래서 시비분별이 없는 두 번째 단계에서 대부분 그 상태를 본래성품이라고 착각한다. 본문에서는 아뇩다라삼먁삼보리의 마음을 낸 사람은 어떤 것에 대해서도 단멸이라는 견해를 내지 않는다고 했다. 텅 빈 채로 모든 것이 끊어져서 아무것도 없고 오로지 의식만이 성성하게 깨어 있는 그 상태를 깨달음으로 착각하면 안 된다. 비어 있는 것이 진리라고 한다면 온갖 현상들이 펼쳐져 있는 이 세상은 진리가 아니라는 말인가? 이 현상세계가 있는 그대로 진리다. 이 현상세계 자체가 있는 그대로 절대의 펼쳐짐이다.

두 번째 단계의 부정을 딛고 일어서서 다시 모든 것들이 있는 그대로 긍정되어야 한다. 현상세계의 모든 것들에 뿌리가 없고 그 어떤 것들도 실체가 아님을 알았다면, 그다음에는 그 부정마저도 다시 부정해서 대긍정으로, 그래서 더 이상 어떤 것도 부정할 수 없는 자리로 돌아와야 한다.

상대인 개아(個我)와 절대인 진아(眞我)도 마찬가지이다. 진아인 참나는 말하는 그 순간 이미 거짓나의 반대 개념이 된다. 하지만 절대인 참나를 거짓나의 반대되는 것으로 이해하면 절대성으로서의 참나가 아니다. 절대는 원래 전체성이므로 통째로 절대다. 대상이 없다. 참나를 설정하는 그 순간 그것은 이미 절대가 아니다. 그럼에도 불구하고 깨달은 스승들은 현상적인 개체, 즉 몸과 마음이라고 하는 이 캐릭터가 참나가 아니라는 것을 우선 깨우쳐 주기 위해서 이 몸과 마음을 일단 거짓나로 설정한다. 그렇게 함으로써 구도자들에게 "이게 진짜 내가 아니야? 그러면 진짜 나는 뭐지?" 하고 진실을 찾아 나서게 하는 것이다. 참나도 거짓나도 모두 상대적 개념이지만 가르침을 주기 위해서는 어쩔 수 없이 사용할 수밖에 없다.

참나라고 하는 것은 방편으로 참나라고 할 뿐이지 나는 그냥 나다. 실상에는 거짓나니 참나니 하는 것이 있을 수 없다. 나는 나다. 오직 나만 있다. 세 번째 단계에 가서 참나를 깨닫게 되면 그때는 참나니 거짓나니 시비분별 할 것 없이 모든 것이 통째로 나임을 알게 된다.

위빠사나에서 말하는 알아차림도 개체의식의 개입 없이 있는 그대로 알아차림 해야 한다. 같은 위빠사나를 해도 알아차림을 어떤 관점에서 하느냐에 따라 결과가 달라질 수 있음을 주의해야 한다. 근원에서 알아차림이 되어야 하는데, 계속해서 분리의식으로 하고 있다면 그것은 여전히 시비분별일 뿐이다. "탁 보면 바로 알아차림이 된다."라고 하거나 "알아차림이 아주 성성하다."라고 말하는 사람들도 있는데 "그 알아차림을 누가 하고 있는가?"라고 물어보면 이런 질문 자체가 무엇을 지적하고 있는지조차 모르는 경우가 대부분이다. 이 부분이 명확해져야 한다.

진정한 알아차림은 봄만 있고 보는 자는 없어야 하는데 대부분 자기가 보고 있다. 그러니 알아차림이 조금 잘되는 날에는 '야! 오늘은 명상 시작한 지 십 분 만에 그냥 쑥 들어가서 고요해지고, 가슴에서 희열이 샘물처럼 솟아올랐어.' 하며 이제 자신의 공부가 진전된 것 같은 생각에 흐뭇해한다. 그러다가 명상이 잘 안 되는 날에는 '에이! 오늘은 공쳤어.'라고 생각하며 자신을 질책하고 우울해한다. 또 주변이 시끄러우면 '저 사람들 말이야! 명상하는데 왜 저렇게 시끄럽게 하지?'

하며 불평한다. 명상을 개체인 자기가 하고 있다고 착각하니 매 순간 그렇게 개체의식으로 돌아가 버리는 것이다.

위빠사나 명상에서 공치는 것이 어디 있겠는가? 위빠사나는 주변이 조용해야 되고, 의식이 고요한 삼매 상태에 들어가야 되는 그런 것이 아니다. 시끄러우면 시끄러운 대로 알아차림 하면 되는 것이고, 상황이 안 좋으면 안 좋은 대로 알아차림 하면 되는 것이다. 모든 것들이 단 하나도 예외 없이 다 알아차림의 대상이다. 명상이 잘 안 되면 안 되는 그것이 알아차림의 대상이고, 누군가와 멱살 잡고 싸우면 그것이 바로 알아차림의 대상이다. 연기(緣起)적으로 그날 그런 일이 벌어졌다는 것을 알아차림 하면 되는데, 대부분 '내가 명상을 꽤나 오래 했는데도, 오늘은 이것 하나를 참지 못하고 싸웠구나!' 하면서 후회를 한다. 그 후회할 시간에 알아차림을 해야 한다.

사람들은 일반적으로 내가 뭔가를 해서, 내가 어떤 결과를 얻는다고 생각하며 살아간다. 그러니 깨닫는 것도 내가 열심히 해서, 내가 깨닫는다고 생각하는 것이다. 그러나 그렇게 해서는 진정한 깨달음이 나올 수가 없다. 실체도 없는 허상체가 어떻게 깨달아 부처가 될 수 있겠는가? 애초에 가능하지도 않은 것을 하면 될 수가 없는 것이다. 스승이 옆에서 아무리 도와주고 싶어도 가능한 것을 돕는 것이지 가능하지 않은 것은 도와줄 수가 없다.

금강경은 기존의 종교라든지 각종 수행 단체에서 가르치는 것과는 방향이 전혀 다른 가르침을 주고 있다. 진리 공부를 열심히 한다고 했는데도 늘 제자리걸음이라고 여겨진다면 평소 진리에 임했던 자세를 되돌아봐야 한다. 방향을 잘못 잡으면 아무리 열심히 뛰어도 소용이 없다. 엉뚱한 데로 가고 있는데 빨리 간들 무엇 하겠는가? 목적지와 반대 방향으로 간다면 달리면 달릴수록 오히려 더 멀어질 뿐이다.

개체인 내가 깨닫고자 해서는 안 된다. 깨달을 나라는 것은 본래 없기 때문이다. 지금까지 나라고 생각했던 이 몸과 마음은 진짜 내가 아니다. 나라고 착각하고 있는 것이다. 이것을 제일 먼저 명확하게 인식하고 난 연후에 구도에 임해야 한다. 그래야 한 발짝을 가더라도 진실을 향해 다가서게 되는 것이다.

제28 불수불탐분 不受不貪分

: 받지도 탐하지도 않음

須菩提 若菩薩 以滿恒河沙等世界 七寶 布施
수보리 약보살 이만항하사등세계 칠보 보시

若復有人 知一切法無我 得成於忍 此菩薩
약부유인 지일체법무아 득성어인 차보살

勝前菩薩所得功德 須菩提 以諸菩薩 不受福德故
승전보살소득공덕 수보리 이제보살 불수복덕고

須菩提白佛言 世尊 云何 菩薩 不受福德
수보리백불언 세존 운하 보살 불수복덕

須菩提 菩薩所作福德 不應貪著 是故 說不受福德
수보리 보살소작복덕 불응탐착 시고 설불수복덕

"수보리야! 만약 어떤 보살이 갠지스강의 모래 숫자만큼의 세계를 칠보로 가득 채워 보시를 한다면, 만약 또 어떤 사람이 있어 일체의 법은 실체가 없다는 무아를 알아서 생멸이 본래 없음을 깨닫는다면 이 보살은 앞의 보살이 얻는 공덕을 훨씬 더 뛰어넘게 된다.

　수보리야! 왜냐하면 모든 보살은 복덕을 받지 않기 때문이다.”

　수보리가 부처님께 여쭈었다.

“세존이시여! 어째서 보살이 복덕을 받지 않습니까?”

　수보리야! 보살은 응당 지은바 복덕에 탐착하지 않는다. 그러므로 복
덕을 받지 않는다고 말하는 것이다.”

【강설】금강경은 갠지스강의 모래에서 시작해서 갠지스강의 모래로
끝나는 것 같다. 갠지스강의 모래 숫자만큼의 세계를 칠보로 가득 채
워 보시를 한다는 것은 유위법(有爲法)인 물질적 재보시(財布施)의 공
덕을 말한다. 일체의 법은 실체가 없다는 무아를 알아서 득성어인(得
成於忍), 즉 생멸이 본래 없음을 깨닫는다는 것은 무위법(無爲法)인 무
생법인(無生法忍)을 말한다. 삼천대천세계를 칠보로 가득 채우는 보시
를 한다 하더라도 모든 것에는 그 어떤 실체도 주체도 없다는 무아를
깨닫는 공덕에는 미치지 못한다.

　절에서는 만났다 헤어질 때 “성불하세요!”라는 인사말을 하는데, 부
처 되라는 것이니 서로 간에 좋은 덕담이 아닐 수 없다. 그런데 성불
을 누가 한다는 것인가? 내가 부지런히 절에 봉사하고, 내가 열심히

보시하고, 내가 육바라밀을 닦아서, 내가 부처가 되겠다고 하는 것은 개체 중심적 의식이다. 결국은 개체인 내가 부처 되고 내가 복받겠다는 것인데, 세상에 이보다 더 큰 에고가 어디 있겠는가? 그렇게 열심히 하면 다른 사람들의 칭송을 받을 수는 있겠지만 그것이 얼마나 교묘한 에고의 집착인지 제대로 알아야 한다.

'무아=연기'를 알지 못하고 개체인 내가 열심히 몸과 마음을 갈고닦아서 부처가 되려고 하는 것은 돈을 많이 벌어서 세계 최고의 부자가 되려는 것보다 더 큰 욕심이다. 이 세상에서 가장 큰 욕심꾸러기는 부처가 되려고 하는 사람이다. 성불이라고 하는 것이 듣기에는 좋은 말일지 모르지만 개체 중심적으로 접근한다면 가망이 없다. 도대체 성불을 누가 한다는 것인가?

석가모니가 2500년 전에 보리수 아래에서 깨달은 진리는 '무아=연기'다. 석가모니는 '무아=연기'를 깨닫고 나서 "나는 생사를 해탈했다."라고 선언했다. 그런데 이 외침은 "나는 부처가 되었기 때문에 더 이상 윤회하지 않는다."라는 뜻이 아니다. 생사를 해탈했다는 것은 진짜 나는 절대이기 때문에 나는 생멸하는 그런 현상적 개체가 아니라는 것을 알았다는 것이다. 나는 본래 영원한 절대이지 태어났다가 죽을 수밖에 없는 그런 현상적 개체가 아니라는 것을 깨달았다는 것이다.

이 몸과 마음을 나라고 착각하는 사람은 자기가 생멸한다고 생각하고, 자기가 윤회를 한다고 믿는다. 그러나 깨닫고 나서 보면 이 몸과 마음은 내가 아니고 그 어디에도 나라고 할 수 있는 주체가 없다는 것을 알게 된다. 이 몸과 마음은 찰나 찰나에 대상과 더불어 매 순간 연기적으로 조건 지어져 생각과 말과 행위가 일어나게 되어 있는 그런 하나의 현상체일 뿐이다.

제법무아(諸法無我), 즉 모든 것은 연기될 뿐 자성이 없어서 주체가 없다. 따라서 깨달아서 부처가 되는 나라는 것은 없다. 2500년 전 석가모니가 보리수 아래에서 깨달아 성불(成佛)했다고 하는 것은 즉비성불(則非成佛)이요 시명성불(是名成佛)이다. 현상적으로 깨달음이 드러났으니까 부처님이라고 부르는 것이지 진짜로 실체인 석가모니가 부처님이 된 것이 아니다. 석가모니는 주체가 아니라 그냥 현상체이다. 물거품 하나가 생겨났다가 사라지는 것처럼 석가모니라고 하는 존재도 연기 조건에 의해 현상세계에 어느 날 태어났다가 인연이 다 되어 사라진 실체가 없는 연기적 존재다.

諸菩薩(제보살) 不受福德(불수복덕)

모든 보살은 복덕을 받지 않는다.

모든 보살은 아무리 많은 사람을 구제하고 중생을 도와주어도 복덕을 받음이 없다. 수보리가 그 까닭을 묻자 부처님은 "보살은 응당 지은바 복덕에 탐착하지 않는다."라고 그 이유를 설명하신다. 내가 누구를 도와줬다거나 누구를 구제했다는 생각조차 없다는 것이다. 이것은 겸손의 말이 아니다. 내가 했어야 도와줬다는 생각이 있을 수 있다. 그런데 이 몸과 마음이 내가 아니라는 것을 정확히 알고 있는데 현상적으로 누구를 도와줬다고 해서 내가 도와줬다는 착각을 할 수 있겠는가?

무아를 알면 어떤 행위를 해도 그것에 집착할 수 없다. 우리는 세상을 살면서 "너, 나한테 그럴 수 있어? 내가 너한테 어떻게 해 줬는데!"라는 말을 종종 한다. 섭섭한 마음이 들면 부모조차 자식한테 "내가 너를 어떻게 키웠는데 이런 대접을 하느냐!" 하기도 한다. 이런 말을 하는 이면에는 늘 내가 했다는 생각이 들어 있다. 행위의 주체인 내가 부모로서 그만큼 희생했다는 것이다.

분리된 주체로서의 나라는 착각 하나가 세상에서 벌어지고 있는 모든 시비분별의 근본 원인이다. 그런데 보살은 무아를 알기 때문에 자기가 어떤 행위를 하든지 그것에 대해서 내가 했다는 착각이 없으므로 집착을 할 수가 없다. 그런데 무슨 복덕을 받겠는가? 그렇기 때문에 불교에서는 무주상보시를 말하고, 기독교에서는 오른손이 하는 일을 왼손이 모르게 하라고 한다.

하지만 우리는 아주 조그마한 것 하나 해 주고도 속으로는 보상을 바라며, 기대한 만큼 상대방이 보답하지 않으면 섭섭해한다. 내가 해 줬다는 생각에 머물기 때문에 집착하고 추해지는 것이다. 일반 세속인들은 그렇다 치고 진리 공부한다고 명상을 몇 년씩 한 사람들도 불필요한 자존심을 세우는 모습들을 볼 수 있다. 입으로는 무아니, 연기니 말하면서도 결정적인 순간에는 나라는 생각이 개입되어 자존심을 세우는 것이다.

나라는 것은 본래 실체가 없지만 태어남을 조건으로 해서 이어지는 인간의 발달 과정에서 이 몸과 마음이 나라는 착각이 따라붙는다. 우리가 살아온 세월만큼 에고도 함께 지내 온 것이라 착각에서 벗어나는 것이 하루아침에 가능한 일은 아니다. 하지만 진정으로 나라는 것이 없다는 이 진실을 확연하게 아는 순간, 에고는 실체가 없기 때문에 그냥 사라져 버린다. 완전한 깨달음이 드러나기 전까지는 무아라는 것을 머리로는 알고 있다 하더라도 에고가 잠재의식 속에 늘 남아 있다. 그래서 의식이 깨어서 알아차림을 정확하게 하고 있을 때는 발동을 못 한다.

그런데 세상살이 하다가 미처 의식이 깨어 있지 못할 때, 경계에 부딪치고 개체의식으로 전환되면 이때 에고는 드디어 '내 세상이 왔구나!' 하면서 난리를 친다. 억눌려 있던 것이 솟아오르니까 그 순간 자존심도 분출하게 된다. 뒤늦게 알아차려도 이미 감정적인 에너지가 붙으면 그 자존심을 꺾을 수가 없다. 그런데 구도자라면 꼬리에 꼬리를 물고 이어지는 생각과 감정의 흐름을 알아차림하고, 그 즉시 '이것이 누구에게서 일어났는가?'라고 질문하면서 바로 수습해 들어가야 한다.

진리 공부는 나라는 자부심과 자존심을 모두 버리는 공부다. 마지막에는 한 티끌만큼도 남아 있는 것이 없어야 한다. 그야말로 아무것도 아닌 것이 되는 공부인데 그래도 기꺼이 하는 것이다. 사실 이 세상에서 최고의 성공을 거둔 삶을 산다고 해도 아무것도 아닌 것은 마찬가지다. 성공한 삶을 산다고 해서 특별할 것이 없는데도 세상 사람들은 성공한 사람들에 대해서는 특별하게 바라본다. 깨달음을 추구하는 사람들도 깨달음을 얻은 석가모니 같은 분들에 대해서는 특별하게 바라본다. 석가모니 같은 특별한 사람이 되고 싶다는 욕심 때문에 그렇다. 그러나 자신들 마음속에서만 특별함이 있는 것이지 현상세계 어느 누구도 특별한 것은 없다.

순수 진리를 만나면 처음 몇 년간은 오히려 에고가 충족된다. 세계와 삶의 실상에 대한 바른 가르침을 듣고 나서 기존의 잘못된 관념들을 하나둘 내려놓고, 세상과 삶을 바라보는 관점도 새로 정립하고 명상도 열심히 하면 그동안 고통스럽게 느껴졌던 문제들이 아무것도 아닌 것처럼 해결되기도 한다.

문제는 세월이 어느 정도 지나고 진리가 가슴으로 내려올 만할 때다. 이때는 정말 은산 철벽에 갇힌 것처럼 오도 가도 못 하고 괴로워진다. 자신이 진짜 구도자인지에 대한 정체성에서부터 시작해서 모든 것이 혼란스럽고 힘들어진다. 그럴 때일수록 그냥 소처럼 바보처럼 뚜벅뚜벅 가면 다 해결되는데, 현대인들은 안타깝게도 조바심 내지 않고 소처럼 바보처럼 묵묵히 가는 것이 잘 안 된다.

　사람들은 이 몸과 마음이 주체로서의 나라는 개체의식에 갇혀 있기 때문에 뭔가를 계획하고 판단해서 일이 잘된다 싶으면 개체인 자기가 잘해서 성공했다고 착각을 한다. 똑똑한 사람들일수록 그런 착각이 심하다. 그러나 이 세상에 혼자서 할 수 있는 일은 아무것도 없다. 일어나는 생각 하나에서부터 현상세계 전체에서 일어나는 모든 것들을 있는 그대로 지켜보면 그 어느 것도 홀로 일어나는 일은 결코 없다는 것을 알게 된다. 이 현상세계 모든 것은 연기적 생멸이라서 그 어떤 생과 멸도 다른 것에 의존함이 없이 주체적으로 홀로 일어날 수 없다.

　석가모니는 왕자로 태어나 자신에게 보장된 모든 것을 버리고, 진리를 찾아 안락한 궁성을 나와 6년 동안 잠시도 쉬지 않고 정진했다. 석가모니가 어리숙한 바보라서 그 긴 세월을 그렇게 힘겹게 지냈을까? 살아오는 동안 익혀 온 개체 중심적인 습관을 정화하는 것이 그만큼 어려운 것이다. 석가모니처럼 가족과 부와 권력을 모두 버리고 뛰어들어도 깨달음은 한순간에 되는 것이 아니다. 거지처럼 아무것도 소유하지 않은 채로 6년이라는 긴 세월을 지내고 나서야 평생 익혀 온 습이 겨우 정화가 된 것이다.

　그렇게 하고 나서 마침내 보리수 아래에 앉아 명상을 했다. 모든 것을 내려놓고 자기 내면에서 일어나는 모든 것과 이 우주 현상계 전체에서 벌어지는 모든 것들을 그냥 있는 그대로 간섭하지 않고 바라만 보았다. 그러자 진리가 저절로 드러났다. 깨달음은 지적인 앎도 아니었고, 특이한 체험도 아니었고, 여태까지 나라고 철석같이 믿고 살았던 이 몸과 마음이 내가 아니라는 통찰이었다. 평생 동안 이 몸과 마음을 나라고 믿고 살았던 것은 다 착각이었다. 그 어디에도 나라고 주장할 수 있는 것은 본래부터 없었다. 이것이 석가모니가 보리수 아래서 깨달은 '무아=연기'였다.

대부분의 사람들은 사는 것이 힘들고 괴롭다고 하면서도 근본적인 원인을 모른 채 그때그때의 해결책만 찾는 것으로 만족해한다. 그렇게 해서는 고통이 완전히 사라질 수 없다. 하나 해결하면 또 하나가 생기고, 그것을 해결하면 또 다른 문제가 생겨난다. 다람쥐 쳇바퀴 돌 듯 문제의 연속일 뿐이다. 결국 어찌할 바를 모른 채 평생 그렇게 살다가 죽는다. 지혜로운 사람이라면 그런 무의미한 반복을 그만두고 근본을 해결해야 한다.

나와 남이 분리되어 있다는 착각, 나와 세상이 분리되어 있다는 착각, 현상세계와 절대가 분리되어 있다는 착각, 깨달음과 깨닫지 못함이 분리되어 있다는 착각에서 벗어나야 한다. 의식 속에 자리 잡고 있는 무수한 분리의식이 작동을 하면 이 세상 모든 것들이 전부 다 문젯거리가 된다. 그런데 의식을 근원에 세우고 전체를 통째로 보는 순간, 이 몸과 마음에서 어떤 일이 벌어지든, 세상에서 어떤 일이 벌어지든 그 현상과는 상관없이 더 이상 나를 고통스럽게 만들 수 있는 것은 아무것도 없다는 것을 알게 된다.

의식이 지금 근원에 서 있는지 아니면 분리된 개체의식에 머물러 있는지 그것 하나만 확인하면 된다. 그렇게 되면 직장 생활도, 사업도, 가정생활도 모든 것이 다 저절로 펼쳐지게 되어 있다. 그것을 확신하지 못하니까 끝까지 자기가 어떻게 해 보려고 애를 쓴다. 에고가 할 수 있는 것이 아무것도 없는데 말이다. 이 세상에 문제되는 것은 아무것도 없다. 단 한 가지 문제가 있다면 그것은 개체의식에 머무는 것이다.

제29 위의적정분 威儀寂靜分

: 오고 감이 없음

須菩提 若有人言 如來 若來若去若坐若臥 是人不解
수보리 약유인언 여래 약래약거약좌약와 시인불해

我所說義 何以故 如來者 無所從來 亦無所去 故名如來
아소설의 하이고 여래자 무소종래 역무소거 고명여래

"수보리야! 만약 어떤 사람이 '여래는 가기도 하고 오기도 하며 앉기도 하고 눕기도 한다.'고 말한다면 이 사람은 나의 가르침을 전혀 이해하지 못한 것이다. 왜냐하면 여래는 어디로부터 오거나 어디로 가는 바가 없기 때문이다. 그러므로 여래라고 이름하는 것이다."

【강설】여래는 오거나 가는 생멸하는 개체적인 존재가 아니다. 도솔천에서 코끼리를 타고 마야부인에게 온 적도 없고, 보리수 아래에서

깨달아 다시는 윤회가 없는 피안의 세계로 넘어간 것도 아니다. 어디서 오는 것도 아니고 어디로 가는 것도 아니면 여래는 무엇이란 말인가? 그냥 있는 그대로인 것이다. 있는 그대로가 여래이고 부처다. 그러니 여래를 하나의 개체로 상정시켜서 어디에서 오신 분이라거나 깨달아서 열반에 들었기 때문에 다시는 돌아오지 않는 분으로 생각하는 것은 잘못이다.

깨달음은 '무아=연기'다. 현상세계 그 어디에도 실체가 없음을 깨닫는 것이다. 그러므로 개체로서의 부처라는 것은 있을 수가 없다. 깨달음이 드러나는 순간 우주현상계 전체가 통째로 여래고 부처다. 모든 것이 부처님 아닌 것이 없는 것이다. 그런데 깨닫지 못한 사람들이 볼 때 세상은 미혹한 중생들이 사는 세계로 보인다.

깨달은 의식의 관점에서 보면 미혹한 중생 조차도 부처다. 모든 것이 지금 그 모습 그대로 부처다. 깨달아서 부처가 되는 것이 아니고, 지금 있는 그대로, 그 모습 자체가 부처라는 말이다. 실상이 그러하기는 하나 깨달아야만 비로소 그 사실을 알 수 있다. 의식이 몸과 마음이 나라는 착각에 가려져 있으면 진실을 알 수 없다. 깨달은 부처는 몸과 마음이 나라는 착각이 없이 우주현상계 통째로가 본래 절대, 본래 부처, 있는 그대로 진리라는 것을 안다.

여래나 부처 또는 세존이라고 호칭한다고 해서 그것을 2500년 전 인도의 석가모니와 자꾸 연결시키면 그것은 부처님 말씀을 제대로 이해한 것이 아니다. 깨달은 사람은 개체를 나라고 말하지 않는다.

그러나 듣는 사람들이 그 말을 개체의식 상태에서 듣기 때문에 부처나 여래를 자꾸만 개체화시킨다. 금강경뿐만 아니라 어떤 경전도 석가모니 개체를 법신(法身)인 여래라고 하지 않는다. 그러나 아무리 진리에 대해서, 절대에 대해서 있는 그대로 설명을 해 줘도 개체인 인간 석가모니에게만 초점을 맞추면 절대인 전체성이 반쪽이 되어 버린다.

선문답(禪問答)을 보면 제자들의 잘못된 관념을 부숴 주는 선사들의 파격적이고 통념을 벗어난 가르침이 자주 등장한다.

"무엇이 부처입니까?"

"삼이 세근이다."

부처가 무엇이냐고 물었는데 동산 수초(洞山 守初, 910~990) 스님은 마삼근(麻三斤)이라고 대답했다. 삼이 세근이라니? 질문을 한 제자가 공부가 전혀 안 된 사람이라면 자기가 질문한 것에 대해 동산 스님이 전혀 엉뚱한 대답을 했다고 생각했을 것이다. 선문답은 준비가 안 된 사람에게는 아무런 효과가 없다. 스승은 제자가 그것을 알아들을 수도 있고 못 알아들을 수도 있지만 기회가 올 때마다 한 번씩 건드려 준다.

부처가 무엇이냐는 질문에 "삼이 세근이다."라고 한 것은 지금 있는 그대로가 진리라는 것이다. "네가 보고 있는 지금 이 순간이 있는 그대로 그냥 진리다. 그런데 너는 진리를 항상 다른 데서 찾으려고 한다. 진리가 지금 있는 그대로의 상태가 아닌 어떤 특별한 상태일 것이라는 기대나 추측을 하지 마라. 부처님은 거룩하고 중생은 미천하다고 분별하지 마라. 이것은 옳고 저것은 그르다고 시비하지 마라. 네가 깨달으려고 머리로 궁리하는 순간 어그러진다. 진리란 특별한 곳에 있으므로 열심히 그곳을 향해 뛰어가야 만날 수 있는 것이 아니다. 있는 그대로가 진리인데 다만 네가 못 보고 있을 뿐이다."라는 가르침을 마삼근(麻三斤)을 통해서 즉각적으로 깨우쳐 준 것이다. 머리로만 이해하려고 덤벼드는 것을 지금 당장 멈추고 가슴으로 뚫으라!

去年貧未是貧(거년빈미시빈)
今年貧始是貧(금년빈시시빈)
去年無卓錐之地(거년무탁추지지)
今年錐亦無(금년추역무)

지난해 가난은 가난이 아니니
올해 가난이 비로소 가난이네.
작년엔 송곳 꽂을 땅도 없더니
금년에는 송곳마저도 없다네.

이 선시(禪詩)는 당나라 향엄(香嚴, ?~898) 선사가 지은 것이다. 송곳 꽂을 땅이 없다는 것은 시비분별이나 집착이나 욕망이 없다는 말이다. 일체의 시비분별도, 걸림도, 집착과 욕망도 없는 상태라니 얼마나 멋있는가? 그런데 그런 엄청난 경지에 도달했어도 그렇게 유유자적하고 걸림 없는 내가 있다. 즉, 내가 대자유인이다. 무아의 깨달음은 그것조차도 부숴 버린다.

금년에는 송곳마저도 없다고 했는데, 여기에서 금년이라는 표현은 지금의 상태를 가리키며, 송곳마저 없다는 것은 무아를 가리킨다. 공부의 마지막 관문은 그것이 어떤 고매한 경지이거나 훌륭한 삶이든 아니면 평생 밥을 빌어먹는 비참한 삶이든 그 삶의 주체가 내가 아니라는 무아를 뚫는 것이다.

몇 십 년 수행해서 높은 경지에 있으면 나름 만족스럽고 따르는 사람들도 많을 것이다. 그런데 무아를 깨닫지 못하면 여전히 그렇게 위대해진 내가 버젓이 있는 것이다. 진리는 먼지 하나조차도 용납하지 않는다. 스스로 손가락 하나 까닥할 힘만 남아 있어도 허용되지 않는다. 무아는 이렇게 엄정한 것이다.

진리 공부는 반드시 거쳐야 하는 단계가 있다. 세상 살면서 욕심내고 집착하고 사사건건 분별하는 의식의 소유자는 그런 것들을 단호하게 내려놓아야 한다. 그런 습관으로부터 벗어나기 위해서는 분별과 집착을 버리는 정화를 절실하게 해야 한다. 그렇게 해서 여태까지의 개체 중심적 삶이 어느 정도 정리된 다음에라야 비로소 무아라는 것이 머리가 아닌 가슴으로 들어올 수 있다. 눈만 뜨면 욕심과 집착이 올라오고 사사건건 시비하는 사람에게는 무아에 대해 아무리 설명해 쥐도 소용없다. "사람이 욕심 없이 어떻게 살아요? 세상살이는 시비 분별을 잘해야 일이 잘되지 않나요? 진리 공부도 시행착오를 줄이려면 분별을 잘해야 하지 않나요?"라고 생각하기 쉽지만, 욕심 부리면 될 일도 안 된다. 매달리면 매달릴수록 욕심내면 욕심낼수록 더 안 되는 것이다.

세상 삶이든 진리 공부든 열심히 살고 열심히 해야 한다. 단, 내가 한다는 생각까지도 내려놓고 열심히 해야 한다. 내가 할 수 있는 것은 진실로 아무것도 없다. 모든 것은 저절로 되는 것이다. 저절로라는 것은 노력하지 말라는 것이 아니다. 열심히 뭔가를 성사시키려고 노력은 하되 그 상태에서 그것을 자기가 하고 있다는 착각을 하지 말라는 것이다.

연극 속에서 배우는 주어진 배역을 열심히 해내야 훌륭한 배우다. 배우가 어떤 배역을 맡았는데 얼렁뚱땅한다면 그 연극은 엉망이 될 것이다. 참나인 절대가 수십억만의 현상으로 나투어져서 온갖 역할을 하고 있다는 것을 안다면 그 나투어진 갖가지 배역을 진짜 자기라고 착각할 수 없다.

이 몸과 마음을 진짜 자기라고 착각하니까 온갖 욕심과 집착과 시비 분별이 일어나는 것이다. 무아를 머리로 이해하는 것도 쉽지는 않지만 일단 이해는 했는데 아직 그것이 가슴을 뚫지 못했다면 이유는 단 하나, 아직 준비가 안 되어 있기 때문이다. 아직도 욕망과 집착과 시비분별이 가득하기 때문이다. 그런 것들이 그대로 남아 있는데 무아가 어떻게 가슴을 뚫겠는가?

지금까지 세상을 살면서 교육받고 세뇌되어서 사람은 누구나 자기도 모르게 습관적으로 시비분별을 하게 되어 있다. 그런 것을 극복하기가 만만치 않지만 명상을 하면서 한쪽으로 기울어진 상태를 바로잡아야 한다. 그런 것들을 남겨 둔 채 진리의 절대성이나 동시성을 아무리 외쳐 봐야 안 된다. 말 한마디 행동 하나가 그냥 나오는 것이 아니다. 자아에 대한 정체성이 삶을 살아오는 동안 의식에 깊이 새겨져 있기 때문에 현재의 의식 상태, 지금의 의식 수준만큼 생각과 말과 행동이 부지불식간에 자동적으로 출력되는 것이다.

그동안 진리 공부를 엄청나게 많이 했다 할지라도 실제 삶 속에서 개체로서의 욕심과 집착, 시비 분별하는 마음을 정리하지 못한다면 진리에 대한 앎은 하나의 장식에 불과하다. 그것이 가슴으로 내려와서 존재의 근원을 뚫으려면 스스로를 진솔하게 관찰해야 한다. 지금 자기가 무엇에 집착하는지, 어떤 욕심을 가지고 있는지, 세상일에 대해서 어떤 시비분별을 하고 있는지는 자기 자신이 잘 안다. 그 부분을 외면하지 말고 정직하게 인정해서 정화해야 한다. '무아=연기'의 가르침은 그 이후에 필요한 것이다. 이 공부는 개념적인 지식의 유희가 아닌 근본 뿌리를 캐는 공부다. 준비가 되면 무아의 가르침이 머리에서 가슴으로 내려와서 존재의 근원을 사무치게 밝혀 줄 것이다.

제30 일합상리분一合相理分

: 하나로 합쳐진 모습의 참된 이치

須菩提 若善男子善女人 以三千大千世界 碎爲微塵
수보리 약선남자선여인 이삼천대천세계 쇄위미진

於意云何 是微塵衆 寧爲多不 甚多 世尊 何以故
어의운하 시미진중 영위다부 심다 세존 하이고

若是微塵衆實有者 佛則不說是微塵衆 所以者何
약시미진중실유자 불즉불설시미진중 소이자하

佛說微塵衆 則非微塵衆 是名微塵衆 世尊 如來所說
불설미진중 즉비미진중 시명미진중 세존 여래소설

三千大千世界 則非世界 是名世界 何以故 若世界實有者
삼천대천세계 즉비세계 시명세계 하이고 약세계실유자

則是一合相 如來說一合相 則非一合相 是名一合相
즉시일합상 여래설일합상 즉비일합상 시명일합상

須菩提 一合相者 則是不可說 但凡夫之人 貪著其事
수보리 일합상자 즉시불가설 단범부지인 탐착기사

"수보리야! 만약 선남자 선여인이 삼천대천세계를 부수어 작은 먼지로 만든다면 이 먼지들이 많다고 하겠느냐?"

"참으로 많습니다. 세존이시여!

왜냐하면 이 먼지들이 실제로 있는 것이라면 부처님께서는 먼지라고 말씀하지 않으셨을 것입니다. 부처님께서 말씀하신 먼지란 본래 먼지가 아니기 때문에 그렇게 이름하는 것입니다.

세존이시여! 여래께서 말씀하시는 삼천대천세계도 곧 세계가 아니기 때문에 세계라고 이름하는 것입니다. 왜냐하면 만약 세계가 실제로 있는 것이라면 그것은 하나로 합쳐진 모습일 것이고 여래께서 말씀하신 하나로 합쳐진 모습도 실체가 없으므로 다만 하나로 합쳐진 모습이라고 이름하는 것입니다."

"수보리야! 하나로 합쳐진 모습이라는 것은 말할 수 없는 것인데 다만 범부들이 그 현상에 집착할 뿐이니라."

【강설】 범부 중생들은 모든 현상을 '무아=연기'의 진리적 관점이 아니라 어느 한쪽에 치우친 분리 의식의 관점으로 보면서 자신들이 실체시한 분별된 것들에 집착하며 괴로워한다. 생사ㆍ시비ㆍ선악ㆍ장

단·대소 등의 분별은 실체가 없는 현상에 개념을 부여하고 이름을 붙여 인식한 상(相)일 뿐이다. 따라서 어느 것 하나도 탐착하거나 저항하며 집착할 필요가 없다.

30장에서는 13장에서도 언급했던 가장 작다고 할 수 있는 미진(微塵)과 가장 크다고 할 수 있는 삼천대천세계를 예로 들면서 미진과 세계, 즉 극소와 극대의 비실체성에 대해 다시 한 번 더 설명하고 있다. 미진중(微塵衆)으로 무수히 쪼개져 있는 것이든, 일합상(一合相)으로 하나로 합쳐진 모습이든 그 모든 것들은 실체가 아니라는 것이다. 단지 절대에서 투영되어 드러난 현상으로서 수십억만의 미시적인 모습으로 나눠져 있거나 삼천대천세계라는 하나의 거시적인 모습으로 합쳐져 있을 뿐이라는 것이다.

가장 작은 것이든 가장 큰 것이든 그런 현상적인 것에 속아서는 안 된다. 극미든 극대든 그것들은 실제로는 실체가 없는 것인데 다만 실상을 모르는 범부들은 드러난 현상을 실체라고 착각해서 거기에 집착하고 매달린다. 어떻게 드러나든 무엇이라 표현되든 그 모든 것들은 상호 간에 인식하고 이해하기 위해 사용하는 하나의 개념이라는 것만 정확하게 알면 더 이상 속을 수가 없다. 가장 작은 것이나 가장 큰 것이나 모든 것은 연기(緣起) 법칙에 의해서 한 치의 오차도 없이 그 시각 그 장소에서 그러한 모습으로 펼쳐지는 하나의 현상이다.

연기 법칙을 깨닫지 못하면 삶에서 감당할 수 없는 일이 벌어질 경우 대부분 남을 원망하거나 열등감, 무력감에 빠져 우울해한다. 간혹 종교에 입문하거나 명상을 열심히 하다 보면 전에는 남 탓만 하던 사람이 '내 탓이오'하며 의식에 변화가 오기도 한다. 그럴 경우 주위 사람들로부터 좋은 평판을 얻을 수도 있다. 그러나 무슨 일이 어떻게 벌어지든 그것은 네 탓도 아니고 내 탓도 아닌 그냥 하나의 연기된 실체 없는 현상에 불과하다. 그것을 일으킨 너니 나니 하는 주체가 없음을 아는 '무아=연기'의 깨달음만이 유일한 탈출구요 근본적인 해결책이다.

'무아=연기'의 진리를 깨달으면 인생이 고통일 수 없다. 실상을 모르고 삶에 속고 있을 때 인생이 고통인 것이다. 돈오점수(頓悟漸修)를 주장하여 비록 깨달았더라도 중생으로 살았던 때의 남은 습기(習氣)를 마저 닦아 내야 한다는 것도 '무아=연기'를 모르기 때문에 빚어지는 착각이다. 진리를 깨닫는다는 것을 현상적 개체가 깨닫는 것으로 잘못 알고 있을 뿐만 아니라, 습기라는 것에 대해서도 잘못 알고 있는 것이다. 개체인 자기가 깨달은 것으로 알고 있다가 깨닫기 전에 일어났던 생각과 말과 행위들이 몸과 마음에서 고스란히 다시 일어나니까, '아직 제거되지 못한 습기가 남았군!' 하면서 다시 습기를 없애야 한다는 착각에 빠지는 것이다.

깨달음이란 무아, 즉 나라는 것이 본래 없다는 것을 정확히 아는 것이다. 내가 본래 없으니 살아가면서 쌓인 정신적·육체적 습관은 그냥 습관일 뿐이다. 그러므로 습기가 남아 있으니 시간을 두고 점차적으로 닦아야 한다는 것은 착각이다. 깨달은 후에도 생각이나 희로애락의 감정은 그대로 일어난다. 다만 그 모든 것이 대상과 더불어서 연기 법칙으로 일어나는 것일 뿐, 그것을 내가 일으켰다거나 나에게서 일어났다는 착각이 없다. 그냥 연기적으로 저절로 일어났다가 저절로 사라지는 생멸 현상인 것이다. 그것을 습기라고 하면서 닦아야 한다면 죽을 때까지 닦아도 없어지지 않는다. 습기를 일으키는 나도, 나에게서 일어나는 습기라는 것도 본래 없다. 이것이 진리이고, 이것을 한순간도 망각하지 않음을 깨달음이라고 하는 것이다.

제31 지견불생분知見不生分

: 지견을 내지 않음

須菩提 若人言 佛說我見人見衆生見壽者見

수보리 약인언 불설아견인견중생견수자견

須菩提 於意云何 是人解我所說義不 世尊 是人不解

수보리 어의운하 시인해아소설의부 세존 시인불해

如來所說義 何以故 世尊說我見人見衆生見壽者見

여래소설의 하이고 세존설아견인견중생견수자견

卽非我見人見衆生見壽者見 是名我見人見衆生見壽者見

즉비아견인견중생견수자견 시명아견인견중생견수자견

須菩提 發阿耨多羅三藐三菩提心者 於一切法

수보리 발아뇩다라삼먁삼보리심자 어일체법

應如是知 如是見 如是信解 不生法相

응여시지 여시견 여시신해 불생법상

須菩提 所言法相者 如來說卽非法相 是名法相

수보리 소언법상자 여래설즉비법상 시명법상

"수보리야! 어떤 사람이 '부처님께서는 아견·인견·중생견·수자견을 설하셨다'라고 말한다면, 수보리야! 어떻게 생각하느냐? 이 사람이 내가 말한 뜻을 이해했다고 할 수 있겠느냐?"

"세존이시여!

이 사람은 여래께서 말씀하신 뜻을 이해하지 못하였습니다.

왜냐하면 세존께서 말씀하신 아견·인견·중생견·수자견은 곧 아견·인견·중생견·수자견이 아니며, 단지 그 이름이 아견·인견·중생견·수자견일 뿐입니다."

"수보리야! 아뇩다라삼먁삼보리의 마음을 낸 사람은 모든 법에서 응당 이와 같이 알고, 이와 같이 보며, 이와 같이 믿고 이해해서 법이라는 모습에 사로잡히지 말아야 한다.

수보리야! 이른바 법의 모습이라는 것은 법의 모습이 아니므로 이름이 법의 모습이라고 여래는 설하느니라."

【강설】 사람은 어려서부터 이것저것 많은 것을 학습한다. 배우고 경험하는 만큼 아는 것도 많이 쌓이게 된다. 초등학생은 초등학교에서 배우고 경험하는 만큼의 앎이 쌓이며, 대학을 나오고 박사 학위까지

받으면 그 분야에 대해서는 전문가라고 인정도 받게 된다. 그런데 현상세계의 어떤 분야에서 학습을 통해 축적하는 앎과 진리에 대한 통찰을 혼동하면 안 된다.

특히 현대인들은 지식을 습득하는 것에 너무나 익숙해져 있어서 진리 공부하는 것조차도 세상일에 대해 학습하듯이 접근한다. 따라서 진리에 대해서 듣고, 배우고, 명상 수행을 하는 것도 머리에서부터 시작이 되고, 그 과정에서 이런저런 지식이나 평소에는 체험해 보지 못한 특별한 경험들이 쌓이면 '연기 법칙이라는 것이, 무아라는 것이 이런 거였군.' 하면서 진리에 대해 섣불리 판단하고 어설픈 견해를 세우게 된다. 이런 것을 '지견(知見)' 혹은 '알음알이'라고 한다.

대부분 지견이 생기면 그 상태에서 자기가 깨달았다고 착각한다. 왜냐하면 머리로는 명확하게 알았고 이해가 되었기 때문이다. 세상일에 있어서는 어떤 것에 대해 머리로 명확하게 이해하면 안다고 할 수 있다. 그러나 깨달음이라고 하는 것은 머리로 아는 것이 아니다. 공부하는 과정에서는 반드시 머리로 먼저 이해가 오게 되어 있다. 그러나 구도자는 머리로 안 것을 가지고 깨달았다고 하면 안 된다.

지견 내지 알음알이는 단지 개념적으로 아는 것에 불과하다. 구도자들은 공부 과정에서 경험하게 되는 일시적인 지견과 완전한 깨달음을 명확하게 구분해 낼 수 있어야 하며 이것은 대단히 중요한 사안이다. 지견에 만족하여 머물게 되면 구도자의 공부가 정체되기 때문이다. 심지어 알음알이를 가지고 깨달은 스승 노릇을 하다가 다른 사람들을 잘못된 길로 이끄는 경우도 있다. 금강경 31장은 그런 부분에 대해서 경각심을 주는 것이다.

이 현상세계는 그 어디에도 그 무엇에도 주체가 없으며 실체가 없다. "나다 너다, 중생이다 부처다, 육체다 영혼이다, 브라만이다 아트만이다, 피조물이다 하나님이다, 윤회다 카르마다."라고 하는 것은 모두 지견일 뿐이고 상(相)에 불과하다. '무아=연기'는 기존의 모든 실체론적인 지견과 개념을 부수고 깨뜨린다. 실제로 존재하지 않는 것을 실체화시키는 순간, 관념적으로 독립적인 인격체나 신화적 존재가 만들어져서 상(相)에 속는 우를 범하기 때문이다.

부처님은 금강경을 통해서 줄곧 설파한 진리조차도 "실체가 없다. 진리가 아니다. 법이 아니다."라고 강조한다. 그런 것들은 모두 법에 대한 설명인 설법(說法)일 뿐이라고 말씀하신다. 그러나 보통 사람들은 부처님 말씀은 진리라고 생각한다. 설법(說法)은 진리를 언어로 풀어 주었다는 뜻이다. 깨달은 진리를 설명하기 위해서 개념상 말로 풀어 준 것이지 부처님 말씀이 진리는 아니다. 진리 그 자체는 상대적 개념인 언어로 설명할 수 없다. 어떤 것을 진리라고 규정하는 그 순간, 규정된 그것만 진리가 되고 규정되지 않은 나머지는 진리 아닌 것이 된다. 진리와 진리 아닌 것으로 나누어진다면 그것은 진리가 아니다. 진리는 그 자체가 통째로 진리다.

석가모니의 가르침은 '무아=연기'의 가르침이고, 금강경은 이런 부처님 본래의 가르침을 다시 되살려 낸 가르침이다. 그런데 오늘날 '무아=연기'의 가르침은 왜곡되거나 잊히고, 부처님은 법당에 화려하게 모셔진 채로 맹신자들의 소원을 들어줘야만 하는 우상이 되어 버렸다. 석가모니는 현상세계에서는 깨달은 스승이니까 불자들로서는 존경해야 하고, 사랑해야 하고, 마음속으로 각별해야 한다. 그렇지만 진실을 알고서 해야 한다. 현상세계에는 그 어떤 것에도 독립된 주체나 실체가 없다는 '무아=연기'의 가르침만이 석가모니가 설파한 유일한 진실이다. 진리라고 하는 것은 한 치의 오차도 용납되지 않는 냉엄한 것이기 때문에 그런 부분에 대해서 명확히 알고 나서 종교인으로서의 본분을 다해야 하는 것이지 본말이 전도되면 안 된다.

요즘 긍정 심리학이나 시크릿(secret)류의 자기계발이나 소위 인생 역전에 대한 사람들의 관심이 뜨겁다. 특히 시크릿 등의 가르침에서는 믿음만 있으면 마음먹은 대로 다 이룰 수 있다고 가르친다. 뭔가 하고자 했는데 이루어지지 않았다면 믿음이 부족했기 때문이라고 한다. 믿음을 통해 소원을 성취한 사람들이 유튜브 방송에 출현해서 기적 같은 자신의 성공담을 증언하기도 한다.

원하던 결과가 나오지 않은 대부분의 사람들은 자신의 믿음이 부족했다고 자책하며 조용히 말이 없고, 원하던 결과가 나온 극소수의 사람들은 책을 내거나 방송에 출현하여 자신의 경험담을 무용담처럼 이야기하기도 한다. 종교단체에서 간증하는 사람들도 사실은 소 뒷걸음

치다 쥐 잡는다는 속담처럼 어쩌다가 된 사람들이다. 사업 잘되고, 아들 좋은 대학 가고, 질병을 극복한 극소수의 사람들만 대중 앞에 나와서 떠들썩하게 자랑하고, 실패한 거의 대부분의 사람들은 침묵한다. 그런데도 여전히 사람들은 그런 것에 속는다.

참된 스승을 통해 삶의 진실, 우주 현상계의 참된 실상을 듣게 되거나 스스로 자신의 인생을 정말 깊이 있게 반추한 사람들만이 그나마 무지에서 빠져나올 가능성이 있다. 무엇이 진실인지, 무엇이 참진리인지 깊이 성찰하지 않으면 다 속게 되어 있다. 살아오면서 겪었던 그 모든 일들은 나의 자유의지에 의해 벌어진 것이 아니다. 현상세계는 전체 우주가 인드라 망처럼 씨줄과 날줄로 엮여서 어느 누구도 주재자로서 개입할 수 없는 중중무진(重重無盡)의 완벽한 연기 작용에 의해 펼쳐지는 것이다. 펼쳐진 내용이 아무리 슬프고 기막히고 가슴 아프다 할지라도 모든 것들은 실체가 없는 허상임을 깨달아야 한다.

수행을 얼마나 오래, 얼마나 열심히 하느냐가 중요한 것이 아니다. 지금 의식이 어디에 가 있느냐가 중요하다. 삶 속에서 생멸하는 사소한 생각이든 감정이든 심각한 사건이든 그 모든 것들은 다 공부 재료다. 그 과정에서 이것이 옳다, 저것은 그르다 따지며 어느 한쪽에 의식이 머물러서는 안 된다. 진리는 정말로 단순하다. 모든 것들이 있는 그대로 통째로 진리임을 꿰뚫어 보아야 한다.

제32 응화비진분 應化非眞分

: 드러난 모든 것은 실체가 없음

須菩提 若有人 以滿無量阿僧祇世界 七寶 持用布施

수보리 약유인 이만무량아승기세계 칠보 지용보시

若有善男子善女人 發菩薩心者 持於此經 乃至四句偈等

약유선남자선여인 발보살심자 지어차경 내지사구게등

受持讀誦 爲人演說 其福勝彼

수지독송 위인연설 기복승피

云何爲人演說 不取於相 如如不動 何以故

운하위인연설 불취어상 여여부동 하이고

一切有爲法 如夢幻泡影 如露亦如電 應作如是觀

일체유위법 여몽환포영 여로역여전 응작여시관

佛說是經已 長老須菩提 及諸比丘比丘尼 優婆塞優婆夷

불설시경이 장로수보리 급제비구비구니 우바새우바이

一切世間 天人阿修羅 聞佛所說 皆大歡喜 信受奉行

일체세간 천인아수라 문불소설 개대환희 신수봉행

金剛般若波羅密經

금 강 반 야 바 라 밀 경

"수보리야! 만약 어떤 사람이 헤아릴 수 없이 많은 아승기 세계를 칠보로 가득 채워서 보시를 한다 하더라도, 만약 선남자 선여인이 보살심을 발하여 이 경전에서 사구게 하나라도 받아 지녀, 읽고 외워서, 다른 사람에게 설하여 준다면, 그 복이 앞의 복보다 뛰어나니라.

그러면 다른 사람에게 어떻게 설해 주어야 하는가?

상을 취하지 마라. 모든 것이 있는 그대로 진리이다. 어째서 그러한가?"

"드러난 모든 것들은 꿈과 같고 환영과 같고

물거품, 그림자, 이슬, 그리고 번개 같으니

그러므로 응당 이와 같이 알아차려야 하네."

부처님께서 이 경을 설하여 마치자 장로 수보리와 그 자리에 있던 모든 비구, 비구니, 우바새, 우바이 그리고 일체 세간의 하늘 신과 인간과 아수라가 부처님께서 설하신 가르침을 듣고 모두 크게 기뻐하며 금강반야바라밀경을 굳게 믿고, 진실하게 받아들여, 높이 받들고, 실천하였다.

【강설】 양나라 무제의 아들 소명(昭明, 501~531) 태자가 금강경 마지막 부분의 가르침에 붙인 제목이 응화비진(應化非眞)이다. 여기에서 응화(應化)는 현상세계의 인연에 응해서 드러난 화신(化身)을 말한다. 그리고 비진(非眞)이라고 하는 것은 진짜가 아니라는 뜻이다. 따라서 응화비진(應化非眞)은 현상세계에 드러난 모든 것은 실체가 아니라 무상(無相)이고 무아(無我)라는 것이다. 사구게(四句偈)로 이러한 무상(無相)과 무아(無我)의 가르침을 요약하여 발심한 선남자 선여인은 그 어디에도 머물지 않는 무주(無住)로써 항복기심(降伏其心)하여 꿈에서 깨어나기를, 집착과 괴로움에서 벗어나기를 간절하게 호소하고 있다.

재보시와 법보시의 비교가 마지막까지도 계속된다. 무량한 아승기 세계를 칠보로 가득 채우는 보시를 한다 하더라도 누구든 보살심을 발하여 금강경 사구게 하나만이라도 수지독송(受持讀誦)해서 다른 사람에게 전해 준다면, 이 법보시의 공덕이 그 재보시의 공덕보다 훨씬 더 뛰어남을 계속해서 강조하고 있다. 그런데 그렇게 엄청난 무위 공덕을 가능케 해 주는 법보시를 어떻게 해야 하는가? 금강경을 다른 사람들에게 어떻게 전해야 하는가?

不取於相(불취어상) 如如不動(여여부동)

상(相)을 취하지 마라. 모든 것이 있는 그대로 진리이다.

선불교(禪佛教)를 대표하는 인물로 당나라 때의 조주(趙州, 778~897)와 남전(南泉, 748-834)이 있다. 무(無)자 화두로 유명한 조주의 스승이 남전이다.

"도가 무엇입니까?"

"평상심이 도다."

"평상심이 되려면 어떻게 해야 합니까?"

"헤아려서 뭔가 하고자 하면 바로 어긋나 버린다."

조주가 계속해서 물었다.

"하려고 하지 않으면 어떻게 도를 알 수 있겠습니까?"

남전이 대답했다.

"도는 알고 모르는 것에 속하지 않는다. 안다는 것은 헛된 지각이며, 모른다는 것은 아무런 지각도 없는 것이다. 만약 헤아릴 것 없는 도를 진정으로 통달한다면 허공같이 텅 비어서 툭 트여 통할 것이니, 어찌 애써 옳으니 그르니 따지겠느냐?"

그냥 있는 그대로 진리인데, 있는 그대로의 진리를 깨닫기 위해서 자기가 뭔가 해야 한다고 착각하는 순간, 있는 그대로의 모습을 도리어 볼 수 없다는 것을 남전은 조주에게 가르쳐 준 것이다. 사람들은 모든 것이 연기 법칙에 따라 저절로 펼쳐진다는 진리를 모르기 때문에 인위적으로 무언가를 열심히 해야 한다고 착각하는 것이다.

'무아=연기'의 세계, 즉 있는 그대로 저절로 펼쳐지는 세상에 대해

설명해 주면 많은 사람들은 "모든 것이 저절로 펼쳐진다면 아무것도 안 해도 저절로 되겠네요?"라고 묻는다. 그런데 아무것도 안 하겠다는 그것도 하는 것이다. 정말로 아무것도 안 하는 것은 무엇을 내가 한다거나 안 한다거나 하는 시비분별 자체가 없는 것이다. 생각하고 말하고 행위하는 것조차도 '내가 이렇게 해야지.'라고 자유의지를 통해 주체적으로 선택해서 하는 것이 아니라는 말이다.

시절인연에 따라 조건 지어져서 저절로 펼쳐지는 것인데, 진리를 모르면 자신의 의지로 스스로 선택해서 뭔가를 한다고 착각하게 된다. 내가 생각해서, 내가 말하고, 내가 행동한다고 착각하는 것이다. '무아=연기'의 있는 그대로의 세계를 알지 못하고 자기 자신을 행위자라고 착각하는 순간, 우주현상계 전체가 통째로 그냥 씨줄과 날줄로 연결되어 저절로 펼쳐지고 있음을 제대로 인식하지 못하고 환상 속에서 살게 되는 것이다.

내가 무엇을 한다거나 하지 않는다고 하는 두 가지를 다 내려놓아야 한다. 부처님이 보리수 아래에서 깨달은 '무아=연기'는 사실 너무 심오해서 보통 사람들은 제대로 이해하기가 쉽지 않다. 보통의 통념은 내가 뭘 하려고 하든지, 하지 않으려고 하든지 둘 중에 하나인데 지금 금강경에서 "운하위인연설(云何爲人演說) 불취어상(不取於相) 여여부동(如如不動)", 즉 "다른 사람에게 어떻게 설해 주어야 하는가? 상을 취하지 마라. 모든 것이 있는 그대로 진리이다."라고 한 것은 하려고도 하지 말고, 하지 않으려고도 하지 말라는 것이다. 연기 작용에 의해

저절로 일어나는 생각과 말과 행위를 내가 주체가 되어서 뭔가를 한
다는 착각에 빠지지 말라는 것이다.

현상세계에 살면 어떻게든 생각이 일어나게 되고, 말을 하게 되고,
행동하게 되어 있다. 아무리 하지 않으려고 해도 안 할 수가 없는 것
이다. 그렇다면 어떻게 해야 상(相)을 취하지 않고 빠져나올 수 있는
가? 그것은 '무아=연기' 외에는 답이 없다. 나에게서 일어나는 모든
생각과 말과 행위와 상대방에게서 일어나는 모든 생각과 말과 행위는
그것을 일으키는 주체가 없다는 것을 정확하게 본다면, 조주 스님과
남전 스님이 주고받은 문답의 의미를 깨닫게 된다. 있는 그대로가 절
대의 펼쳐짐이고, 있는 그대로 진리인 것이다.

一切有爲法(일체유위법)

如夢幻泡影(여몽환포영)

如露亦如電(여로역여전)

應作如是觀(응작여시관)

드러난 모든 것들은

꿈, 환영, 물거품, 그림자 같고

이슬, 그리고 번개 같으니

그러므로 응당 이와 같이 알아차려야 하네.

금강경은 이렇게 마무리된다. 이것이 금강경이 우리 모두에게 전해주려는 가장 핵심적인 내용이다.

▌一切有爲法(일체유위법)

이 현상세계에 드러난 모든 것들 속에는 나도 있고, 너도 있고, 부처라고 불리는 존재도 있고, 중생이라고 불리는 존재도 있고, 진리라고 하는 개념도 있고, 거짓이라는 개념도 있다. 그런데 이런 모든 것들이 전부 다 허상이다. 모든 것은 실체가 아니다.

▌如夢(여몽)

모든 것은 결국 한바탕 꿈이다. 의식이 꿈을 꾸는 순간 하나의 세상이 열리고, 그 안에 나라는 존재가 있고, 그 존재는 나름대로 심각하게 자기 인생을 살아간다. 그런데 꿈을 깨는 순간, 나라는 존재를 포함해서 그 꿈속에 들어 있던 모든 것들은 다 사라져 버린다. 지금 우리가 살고 있는 세상이 꿈인가 생시인가 확인하려고 깨물어 보고 꼬집어 보면 통증이 있다. 통증이 느껴지므로 사람들은 세상이 꿈이 아니고 현실이라고 생각한다. 아무리 통증이 있고 아무리 아파도 밤에 자다가 꿈속에서 깨물어 보는 것과 다를 바 없다. 현실도 꿈도 모두 의식에 의해 펼쳐졌다가 사라지는 허상이다.

▎如幻(여환)

보통 어린 시절에는 자기의 앞날에 대해서 달콤한 상상의 나래를 자주 펼치는데, 간혹 의식이 거기에 완전히 몰입되는 순간 하나의 완벽한 환영을 만들어 내기도 한다. 그 속에서는 자기가 원하는 대로의 모습이 펼쳐지기도 한다. 그런데 그것도 역시 상상에서 빠져나오는 순간 하나의 환영일 뿐이다. 실체가 없는 그냥 의식이 펼쳐 낸 환상이다.

▎如泡(여포)

몇 년 전 여름, 자동차로 태풍을 뚫고 제주도 서쪽 해안을 돌고 있었다. 그런데 멀리서 보니 갑자기 하얀 갈매기들이 포구에서 육지 쪽으로 내려앉는 모습이 보였다. 갈매기들이 태풍을 피해 육지로 오는 것이라고 생각했는데 가까이 가서 보니까 갈매기로 보였던 것들이 전부 거품이었다. 파도가 변해서 거품이 되어 흩어지는 모습을 그때 처음 보았다.

▎如影(여영)

그림자는 어떤 물체에 빛이 비춰졌을 때, 그 빛에 의해 일시적으로 투영되는 것이다. 인간이나 이 세상은 실체가 아니라 절대에 의해 투영된 그림자이다.

| 如露(여로)

이슬이라고 하는 것은 새벽에 풀잎이 차가운 공기와 접촉했을 때 맺혔다가 해가 뜨면 어느새 증발되어 사라진다. 이것은 조건이 맞으면 생겼다가 조건이 다하면 사라져 버리는 연기(緣起) 현상이다. 삶이란 자유의지를 가진 어떤 주체가 있어서 존재하는 것이 아니라 실체 없이 그냥 어떤 조건이 갖춰지면 현상화되었다가 그 조건이 다하면 사라져 버리는 이슬과 같다.

| 如電(여전)

금강경이 원래는 바즈라 수트라(vajra sūtra), 즉 벼락경이다. 대지와 구름 사이에서 또는 대기 속의 공기 중에서 플러스 전하와 마이너스 전하가 부딪치면 거기서 빛이 번쩍하면서 번개가 만들어지고, 우르르 쾅쾅 천둥소리가 나고, 방전되면서 벼락을 때리게 된다. 번개, 천둥, 벼락은 실체가 없다. 어떤 조건과 조건의 만남, 연기적 작용에 의해 일시적으로 드러나는 생멸 현상이다.

현상적으로 일정 조건에 의해 발생하는 번개처럼 몸과 마음으로 구성된 인간이라 불리는 존재도 똑같은 허상체이다. 정말로 어떤 하나의 실체가 있어서 죽으면 갔다가 다시 오고, 갔다가는 또다시 돌아오는 그런 윤회하는 존재가 실제로 있는 것이 아니다. 인간 또한 그냥 현상세계의 조건과 조건의 만남에 의해서 발생하고 소멸하는 현상인 것이다.

우리가 나라고 동일시하는 인간의 몸도 약 60조나 되는 서로 다른 세포들의 결합체이다. 인체의 각 세포들은 각기 서로 다른 세포 수명과 재생 주기를 가지고 있기 때문에 이 몸이 일정한 상태로 계속 유지되려면 음식을 먹고 에너지를 보충해서 그 세포들을 자꾸자꾸 교체시켜야 한다. 그러니 이 몸은 태어나면서부터 죽을 때까지 한순간도 똑같은 상태로 있던 적이 없다. 세포 하나라도 바뀐다면 변함없이 똑같은 나일 수가 없는 것이다.

어떤 사람들은 몸이라는 것은 옷과 같아서 낡으면 벗어던지고 새 옷으로 갈아입게 된다고 주장한다. 몸은 일시적인 소유물이라 진정한 내가 아니고 영혼이나 정신 또는 마음이 진정한 나이고 주체라고 말한다. 만약 마음이 진정한 주체라면 그 마음은 태어나면서부터 죽을 때까지 한 번도 변하면 안 된다. 그것이 주체로서의 나라면 조금이라도 다른 조건의 영향을 받거나 변하면 안 된다. 그런데 이 마음이라고 하는 것은 상황에 따라 매 순간마다 변한다. 현상적으로 이 몸의 세포가 변하는 것이 자유의지가 아니듯이 찰나 간에 변하는 마음도 자유의지가 아닌 현상적 조건에 의해서 그렇게 저절로 변하는 것이다.

모든 것은 연기법(緣起法)으로 조건 지어져 있다. 어떤 것 하나도 개체의 자유의지가 개입될 수 없기 때문에 우주현상계는 빅뱅이 일어난 처음 순간부터 앞으로 수백억 년 후에 우주가 멸하는 마지막 순간까지 연기법(緣起法)에 의해 조건 지어져 있다. 기독교에서는 절대자 하느님이 다 예정해 놓았다고 말한다. 그렇다면 하느님은 독재자라는 뜻이다. 그런데 진리는 그런 것조차도 용납하지 않는다. 전체가 하나로 엮여서 펼쳐질 뿐 하느님도 주재자로서 특정한 시공간상에 개입할 수 없다.

연기법(緣起法)에 의해서 조건 지어진 모든 현상들은 완전히 평등하다. 통째로 하나인 상태에서 각기 주어진 작용을 하고 있을 뿐 진짜로 분리된 별개의 다른 것들이 있는 것이 아니다. 남녀라는 것도 모습만 남자고 모습만 여자인 것이지 서로 다르지 않다. 본래 통째로 하나인 그 근원은 보지 못하고 그냥 드러난 상대적 현상만 보고 따지면 온갖 시비 분별이 생겨난다. 본래 통째로 하나일 뿐, 드러난 모든 현상적 존재들은 그냥 연극에서처럼 맡은 역할을 하고 있는 것이다.

연극 속에는 왕도 있고 신하도 있을 수 있는데 역할인 캐릭터에 집착하여 동일시되면 차별이 있는 것처럼 보인다. 그런데 캐릭터라고 하는 것은 그냥 하나의 등장인물이다. A라는 캐릭터를 연기하는 배우나 B라는 캐릭터를 연기하는 배우나 모두 하나의 의식이기 때문에 거기에는 어떠한 차별도 있을 수 없다. 현상에 속는 순간 오해가 생긴다. 진리를 알면 현상에 속을 수가 없다.

진리를 올바로 깨닫고 고통 속에 있는 사람들에게 제대로 전한다면 그 공덕은 무량한 아승기 세계를 칠보로 가득 채워 보시를 한 공덕보다도 더 위대하다. 온갖 보물도 칠보 보시의 공덕도 결국에는 다 사라지지만 진리는 이 세상이 끝난다 할지라도 없어지는 것이 아니기 때문이다.

현상세계의 모든 존재와 모든 사건들이 꿈과 같고, 환영 같고, 물거품 같고, 그림자 같고, 이슬 같고, 번개 같아서 실체가 없는 '무아=연기'를 본다면 모든 것이 바로 있는 그대로 절대의 모습이고 있는 그대로 진리 그 자체임을 깨닫게 된다. 현상세계는 통째로 절대의 드러남이어서 현상세계 그 어디에도 그 무엇에도 개별적인 주체가 있을 수 없다. 이것이 깨달음이다!

부처님의 깨달음은 '무아=연기'이고 그것을 체계화시킨 것이 삼법인(三法印)이다. 삼법인은 제행무상(諸行無常), 일체개고(一切皆苦), 제법무아(諸法無我)다. 즉 모든 현상과 존재는 끊임없이 변화하기 때문에 무상(無常)한데 그 무상(無常)한 것을 실체라고 착각하고 집착하면 고통을 당할 수밖에 없다는 것이다. 그러한 고통에서 벗어나기 위해서는 이 현상세계의 모든 것들이 주체가 없는 허상이라는 것, 즉 무아(無我)를 바로 깨달아야 한다. 그러므로 삼법인은 셋이 아니다. 모든 법은 무아(無我)라는 하나의 가르침, 일법인(一法印)이다.

이 세상 어디에도, 그 어느 것도 실체가 없으므로 이 몸과 마음은 진정한 내가 아니라는 무아(無我)의 가르침을 제대로 알고 받아들인다면 모든 것은 있는 그대로 진리이고 그 자체로 참모습이다. 그러나 이 몸과 마음이 나라는 착각 하나가 끼어드는 순간, 나를 포함한 모든 것들이 실체가 되는 착각에 빠지게 된다.

금강경은 이러한 잘못된 착각을 부수고 진실을 밝혀 줌으로써 현대를 사는 우리들에게 삶이 무엇인지, 죽음이 무엇인지, 어떠한 관점과 자세로 주어진 삶을 살아야 하는지에 대해서 올바른 성찰을 하게 한다. 이 세상 모든 것들은 한바탕 꿈과 같고, 환영과 같고, 물거품 같고, 그림자 같고, 이슬 같고, 번개 같다. 그러므로 마땅히 바르게 알아차려서 그 꿈에서 깨어나 고통과 집착이 없는 지혜로운 삶을 살아야 할 것이다.

남도민요에 이러한 금강경의 가르침과 일맥상통하는 흥타령이 있다. 제목만 보면 굉장히 흥겹고 신명이 날 것 같지만 흥타령은 사랑과 이별을 주제로 인생무상을 노래하고 있는 곡이다. 우리 민족의 흥과 한을 절묘하게 조화시킨 흥타령 가사 한 소절을 함께 음미하면서 금강경 강의를 마무리하고자 한다. 실상(實相)의 측면에서 마지막 두 줄만 살짝 고쳤다.

꿈이로다 꿈이로다 모두가 다 꿈이로다

너도 나도 꿈속이요 이것저것이 꿈이로다

꿈 깨이니 또 꿈이요 깨인 꿈도 꿈이로다

꿈에 나서 꿈에 살고 꿈에 죽어 가는 인생

부질없다 꿈이거늘 집착하면 무엇하리

어차피 깰 꿈이면 주저 말고 깨이거라!